W0473143

KLASSIKER
DR. OETKER
— VERLAG —
SEIT 1891

LANDFRAUEN BACKEN VON A–Z

DIE DR. OETKER GELING-GARANTIE

UNSER VERSPRECHEN

Liebe Leserin, lieber Leser,

mit den Rezepten in unseren Koch- und Backbüchern möchten wir Sie und Ihre Lieben glücklich machen. Zum Glück braucht es den Erfolg, und den kaufen Sie mit jedem Dr. Oetker Buch gleich mit.

Dafür gibt es die *Dr. Oetker Geling-Garantie.*
Sie ist unser Versprechen, dass alle Rezepte aus diesem Buch ganz einfach und sicher gelingen.
Die Geling-Garantie startet schon bei der Zutatenliste: Alle Zutaten, die wir verwenden, sollten Sie leicht in Ihrem Supermarkt vor Ort einkaufen können. Jeder Zubereitungs-Schritt ist klar und einfach nachvollziehbar.

Eine Garantie können wir Ihnen aber auch deshalb mit gutem Gewissen geben, weil alle Rezepte dieses Buches von unserem erfahrenen Team entwickelt wurden. Anschließend haben wir jedes Gericht in einer ganz normalen Küche nachgekocht oder nachgebacken. Immer wieder. So lange, bis wir uns sicher waren, dass es gelingt. Und zwar auch bei Ihnen zu Hause.

Was wir versprechen, halten wir auch. Sollte beim Kochen oder Backen eines unserer Rezepte dennoch etwas danebengehen oder es Ihnen einfach nicht schmecken, dann lassen Sie es uns wissen. Schreiben Sie oder rufen Sie uns an! Wir werden das Rezept nochmals kritisch prüfen und Ihnen helfen herauszufinden, woran es gelegen haben könnte. Sie erreichen uns unter der Telefonnummer +49(0)89/5482515-0.
Oder schreiben Sie uns eine E-Mail unter:
redaktion-oetker@zsverlag.de

Natürlich freuen wir uns aber auch über weitere Rückmeldungen und auch über Lob.
Ihre Ideen, Kommentare und Fragen können Sie jederzeit auch über Facebook posten:
www.facebook.com/Dr.OetkerVerlag.
Wir sind für Sie da. Garantiert.

Mit herzlichen Grüßen
Ihre Dr. Oetker Redaktion

ALLGEMEINE HINWEISE ZU DEN REZEPTEN

UNSER TIPP

Lesen Sie vor der Zubereitung – besser noch vor dem Einkauf – das Rezept einfach einmal vollständig durch. Aus dem Zusammenhang werden die Zubereitungs-Schritte deutlicher.

PORTIONSANGABEN

Die Anzahl der Stücke finden Sie in jedem Rezept ausgewiesen.

ARBEITSSCHRITTE

Die Zutaten sind in der Reihenfolge ihrer Verarbeitung aufgeführt. Jeder Arbeitsschritt ist einzeln hervorgehoben und extra nummeriert. So haben wir die Rezepte für Sie auch entwickelt und ausprobiert.

ZUBEREITUNGSZEIT UND BACKZEIT

Die angegebene Zubereitungszeit schließt die Dauer der Vorbereitung und die eigentliche Zubereitung mit ein. Sie ist ein Anhaltswert und kann je nach individuellem Geschick oder Übung natürlich ein wenig variieren. Längere Wartezeiten wie zum Beispiel Kühl- oder Abkühlzeiten oder auch Auftauzeit sind in der Regel nicht in der Zubereitungszeit enthalten. Einzige Ausnahme: In dieser Zeit sind parallel andere Arbeitsschritte zu tun. Die Backzeiten sind extra ausgewiesen. Bei einigen Rezepten setzt sich die Gesamt-Backzeit aus mehreren Teil-Backzeiten zusammen.

BACKOFENEINSTELLUNG UND BACKZEITEN

Die in den Rezepten angegebenen Backtemperaturen und Backzeiten sind Richtwerte, die je nach individueller Hitzeleistung Ihres Backofens über- oder unterschritten werden können. Prüfen Sie nach Beendigung der angegebenen Backzeit, ob der Kuchen gar ist, bzw. machen Sie bei Teigen eine Garprobe.

Die Temperaturangaben in diesem Buch beziehen sich auf Elektrobacköfen. Die Temperatur-Einstellungsmöglichkeiten für Gasbacköfen variieren je nach Hersteller, sodass wir keine allgemeingültigen Angaben machen können. Bitte beachten Sie deshalb bei der Einstellung des Backofens die Gebrauchsanleitung des Herstellers. Ein Backofenthermometer eignet sich dabei gut, um die Backofentemperatur im Blick zu haben.

EINSCHUBHÖHE

In den Rezepten in diesem Buch ist die Einschubhöhe immer dann die Mitte des Backofens, wenn nichts anderes angegeben ist.

HINWEISE ZU DEN NÄHRWERTEN

Bei den Nährwertangaben in den Rezepten handelt es sich um auf- bzw. abgerundete ganze Werte. Aufgrund von ständigen Rohstoffschwankungen und/oder Rezepturveränderungen bei Lebensmitteln kann es zu Abweichungen kommen. Die Nährwertangaben dienen daher lediglich Ihrer Orientierung und eignen sich nur bedingt für die Berechnung eines Diätplans.

ABKÜRZUNGEN UND SYMBOLE

EL	Esslöffel
TL	Teelöffel
Msp.	Messerspitze
Pck.	Packung/Päckchen
g	Gramm
kg	Kilogramm
ml	Milliliter
l	Liter
evtl.	eventuell
geh.	gehäuft
gestr.	gestrichen
gem.	gemahlen
ger.	gerieben
TK	Tiefkühlprodukt
°C	Grad Celsius
Kalorien-/Nährwertangaben	
E	Eiweiß
F	Fett
Kh	Kohlenhydrate
kcal	Kilokalorie
Symbole	
◷	Zubereitungs-/Backzeit
▲	Mit Alkohol

ALTBIER-SCHOKO-TORTE

- Zubereitungszeit: 25 Minuten, ohne Abkühlzeit
  Backzeit: etwa 45 Minuten
- ▲ Mit Alkohol

ZUTATEN FÜR 12 STÜCKE

ZUM VORBEREITEN:

375 ml Altbier
225 g Butter
450 g Zucker
2 Pck. Vanillin-Zucker
75 g gesiebtes Kakaopulver

FÜR DEN TEIG:

3 Eier (Größe M)
150 g saure Sahne
300 g Weizenmehl
3 gestr. TL Natron

FÜR DIE SCHAUMHAUBE:

300 g Doppelrahm-Frischkäse
125 g Puderzucker
125 g Schlagsahne

PRO STÜCK:

E: 9 g, F: 31 g, Kh: 70 g, kcal: 608

1. Zum Vorbereiten Altbier in einem Topf erwärmen. Butter darin zerlassen. Den Topf von der Kochstelle nehmen. Zucker mit Vanillin-Zucker und Kakao mischen. Mit einem Schneebesen gründlich unter die Bier-Butter-Mischung rühren, abkühlen lassen.

2. Den Backofen vorheizen.
Ober-/Unterhitze: etwa 180 °C
Heißluft: etwa 160 °C

3. Für den Teig Eier und saure Sahne in einer großen Rührschüssel kurz mit einem Mixer (Rührstäbe) verrühren. Die Biermischung unterrühren. Mehl mit Natron mischen und in 2 Portionen auf mittlerer Stufe unterrühren.

4. Den dickflüssigen Teig in eine Springform (Ø 26 cm, mit Backpapier belegt) füllen. Die Form auf dem Rost in den vorgeheizten Backofen schieben. Die Torte **etwa 45 Minuten backen**.

5. Die Form auf einen Kuchenrost stellen. Die Torte etwa 10 Minuten in der Form stehen lassen. Dann aus der Form lösen und mit dem Backpapier auf einem Kuchenrost erkalten lassen. Anschließend das Backpapier entfernen.

6. Für die Schaumhaube Frischkäse mit Puderzucker und Sahne in einer hohen Rührschüssel dem Mixer (Rührstäbe) zunächst kurz auf niedrigster, dann auf höchster Stufe zu einer streichfähigen Creme aufschlagen. Die Creme in Wellen als Schaumhaube auf die Tortenoberfläche streichen. Die Torte bis zum Servieren kalt stellen.

TIPP:

Der saftige Teig lässt sich auch mit würzigem Malzbier oder alkoholfreiem Malztrunk zubereiten. Da handelsüblicher Malztrunk allerdings reichlich Zucker enthält, kann man dann die Zuckermenge für den Teig auf 400 g reduzieren.

AMARETTINI-KIRSCH-WÄHE

Zubereitungszeit: 35 Minuten
Backzeit: 45–50 Minuten

ZUTATEN FÜR 12 STÜCKE

ZUM VORBEREITEN:

500 g abgetropfte, entsteine Sauerkirschen (TK oder aus dem Glas)

FÜR DEN QUARK-ÖL-TEIG:

275 g Weizenmehl
2 gestr. TL Backpulver
25 g Zucker
1 TL Bio-Zitronenschale (unbehandelt, ungewachst)
140 g Magerquark
80 ml Milch (3,5 % Fett)
80 ml Sonnenblumenöl

FÜR DEN BELAG:

50 g Amarettini (ital. Mandelmakronen)
75 g Butter (zimmerwarm)
50 g brauner Zucker
1 TL Bio-Zitronenschale (unbehandelt, ungewachst)
1 gestr. TL gem. Zimt
2 Eier (Größe M)
1 Msp. Backpulver
20 g Speisestärke
50 g gehackte Mandeln

50 g Schlagsahne
2–3 EL gehobelte Mandeln
3 EL brauner Zucker

ZUM BESTÄUBEN:

etwas Puderzucker

PRO STÜCK:

E: 7 g, F: 18 g, Kh: 37 g, kcal: 344

1. Zum Vorbereiten Kirschen auftauen bzw. abtropfen lassen.

2. Den Backofen vorheizen.
Ober-/Unterhitze: etwa 180 °C
Heißluft: etwa 160 °C

3. Für den Teig Mehl mit Backpulver mischen und in eine große Rührschüssel geben. Zucker und 1 Prise Salz untermischen. Zitronenschale, Quark, Milch und Sonnenblumenöl hinzugeben. Die Zutaten mit einem Mixer (Knethaken) kurz verkneten. Dann mit den Händen rasch zu einem glatten Teig verarbeiten.

4. Den Teig auf einer leicht bemehlten Arbeitsfläche zu einer runden Platte (Ø etwa 32 cm) ausrollen und in eine Wähen- oder große Springform (Ø 28–30 cm, gefettet, bemehlt) legen, dabei einen Rand andrücken.

5. Für den Belag Amarettini in einen Gefrierbeutel geben, den Beutel fest verschließen. Amarettini mit einer Teigrolle fein zerbröseln. Butter, 1 Prise Salz, 50 g Zucker, Zitronenschale und Zimt mit dem Mixer (Rührstäbe) auf höchster Stufe hellcremig aufschlagen. Eier einzeln unterrühren (jedes Ei etwa ½ Minute). Backpulver mit Speisestärke, Amarettinibröseln und Mandeln mischen.

6. Die Amarettinimasse gleichmäßig auf den Teig geben. Die abgetropften Kirschen darauf verteilen und leicht eindrücken. Sahne darauftr äufeln. Mit Mandeln und Zucker bestreuen.

7. Die Form auf dem Rost in den vorgeheizten Backofen schieben. Die Wähe **in 45–50 Minuten goldbraun backen.**

8. Die Form auf einen Kuchenrost stellen. Die Wähe in der Form erkalten lassen.

9. Die Wähe aus der Form lösen und auf einen großen Kuchenteller setzen. Vor dem Servieren fein mit Puderzucker bestäuben und servieren.

APFEL-DINKEL-KUCHEN

Zubereitungszeit: 45 Minuten, ohne Kühlzeit
Backzeit: etwa 35 Minuten

ZUTATEN FÜR 18 STÜCKE

FÜR DEN KNETTEIG:

175 g gesiebtes Dinkelmehl (Type 630)
70 g brauner Rohrzucker, ¼ gestr. TL gem. Zimt
100 g Butter (zimmerwarm)
75 g fein geraspelter Kürbis (Hokkaido)

FÜR DEN BELAG:

70 g Butter, 4 EL flüssiger Honig (etwa 80 g)
50 g Schlagsahne
125 g fein geraspelter Kürbis (Hokkaido)
50 g gehobelte Mandeln
1 ½ kg Äpfel, z. B. Elstar

FÜR DEN RÜHRTEIG:

150 g Butter (zimmerwarm)
100 g brauner Rohrzucker
1 Pck. Bourbon-Vanille-Zucker
3 Eier (Größe M)
175 g gesiebtes Dinkelmehl (Type 630)
1 ½ gestr. TL Backpulver, 1–2 EL Milch

PRO STÜCK:

E: 5 g, F: 19 g, Kh: 36 g, kcal: 332

1. Für den Knetteig Mehl in eine Rührschüssel geben. Rohrzucker, Zimt, Butter und Kürbisraspel hinzufügen. Die Zutaten mit einem Mixer (Knethaken) zunächst kurz auf niedrigster, dann auf höchster Stufe gut durcharbeiten.

2. Anschließend auf einer bemehlten Arbeitsfläche zu einem glatten Teig verkneten. Den Teig in Frischhaltefolie gewickelt etwa 30 Minuten in den Kühlschrank legen.

3. Den Backofen vorheizen.
Ober-/Unterhitze: etwa 180 °C
Heißluft: etwa 160 °C

4. Den Teig auf einem Backblech (30 x 40 cm, gefettet) ausrollen. Den Teig mehrmals mit einer Gabel einstechen. Das Backblech in den vorgeheizten Backofen schieben. Den Knetteigboden **etwa 10 Minuten vorbacken.**

5. Für den Belag Butter, Honig und Sahne in einem Topf zerlassen, Kürbisraspel hinzufügen, zum Kochen bringen und etwa 2 Minuten unter Rühren bei mittlerer Hitze kochen lassen. Mandeln unterrühren. Die Kürbismasse herausnehmen und auf einem Teller erkalten lassen.

6. Äpfel schälen, vierteln, entstielen und entkernen.

7. Das Backblech auf einen Kuchenrost stellen. Den Knetteigboden abkühlen lassen.

8. Für den Rührteig Butter in einer Rührschüssel mit dem Mixer (Rührstäbe) auf höchster Stufe geschmeidig rühren. Nach und nach Rohrzucker und Vanille-Zucker unterrühren. So lange rühren, bis eine gebundene Masse entstanden ist.

9. Eier nach und nach unterrühren (jedes Ei etwa ½ Minute). Mehl und Backpulver mischen, in 2 Portionen abwechselnd mit der Milch kurz auf mittlerer Stufe unterrühren. Den Teig auf den vorgebackenen Knetteigboden geben und glatt streichen. Die Apfelspalten in Reihen darauflegen. Die Kürbismasse darauf verteilen.

10. Das Backblech wieder in den heißen Backofen schieben. Den Kuchen **bei gleicher Backofentemperatur in etwa 25 Minuten fertig backen.**

11. Das Backblech auf einen Kuchenrost stellen. Den Apfel-Dinkel-Kuchen erkalten lassen.

TIPP:

Cremig gerührten Joghurt dazureichen.

APFELKOMPOTT-KUCHEN

Zubereitungszeit: 35 Minuten, ohne Kühlzeit
Backzeit: 12–15 Minuten

ZUTATEN FÜR 12 STÜCKE

FÜR DEN BISKUITTEIG:

50 g Butter oder Margarine
3 Eier (Größe M)
3 EL Orangensaft
90 g brauner Rohrzucker
1 Pck. Bourbon-Vanille-Zucker
abger. Schale von 1 Bio-Orange (unbehandelt, ungewachst)
120 g gesiebtes Dinkelmehl (Type 630)
1 gestr. TL. Backpulver

ZUM BESTREUEN:

100 g gehobelte Haselnusskerne
20 g brauner Zucker, ½ TL gem. Zimt

FÜR DIE FÜLLUNG:

360 g Apfelkompott (aus dem Glas)
250 g Schlagsahne (mind. 30 % Fett)
1 EL Orangensaft
1 Pck. Sahnesteif
1 TL Zucker

evtl. Puderzucker zum Bestäuben

PRO STÜCK:

E: 5 g, F: 17 g, Kh: 24 g, kcal: 267

1. Den Backofen vorheizen.
Ober-/Unterhitze: etwa 180 °C
Heißluft: etwa 160 °C

2. Für den Teig Butter oder Margarine zerlassen. Eier und Orangensaft in einer Rührschüssel mit einem Mixer (Rührstäbe) auf höchster Stufe in 1 Minute schaumig schlagen. Rohrzucker mit Vanille-Zucker und Orangenschale mischen, in 1 Minute unter Rühren einstreuen, dann noch etwa 2 Minuten schlagen.

3. Mehl mit Backpulver mischen und kurz auf niedrigster Stufe unterrühren. Zerlassene Butter oder Margarine unterheben. Den Teig auf ein Backblech (30 x 40 cm, mit Backpapier belegt) geben und glatt streichen. Das Backpapier an der offenen Seite des Backblechs zur Falte knicken, sodass ein Rand entsteht.

4. Zum Bestreuen Haselnusskerne mit Zucker und Zimt mischen. Den Teig damit bestreuen. Das Backblech in den vorgeheizten Backofen schieben. Die Biskuitplatte **12–15 Minuten backen.**

5. Die Biskuitplatte sofort nach dem Backen vom Backblechrand lösen und mit dem Backpapier vom Backblech auf einen Kuchenrost ziehen. Biskuitplatte erkalten lassen.

6. Die Biskuitplatte auf eine Platte stürzen. Mitgebackenes Backpapier abziehen. Biskuitplatte wieder zurückstürzen und von der längeren Seite aus mit einem scharfen Sägemesser in 3 Gebäckplatten (etwa 13 x 30 cm) schneiden.

7. Für die Füllung eine Gebäckplatte mit der Haselnussseite nach oben auf eine Tortenplatte legen und mit der Hälfte des Apfelkompottes bestreichen. Sahne mit einem Mixer (Rührstäbe) mit Orangensaft, Sahnesteif und Zucker steif schlagen. Die Hälfte der Sahne auf das Apfelkompott geben und glatt streichen. Die zweite Gebäckplatte mit der Haselnussseite nach oben darauflegen.

8. Restliches Apfelkompott und restliche Sahne darauf verteilen und mit der restlichen Gebäckplatte mit Haselnussseite nach oben belegen. Den Kuchen etwa 1 Stunde in den Kühlschrank stellen.

9. Den Kuchen in 12 längliche Tortenstücke schneiden. Nach Belieben mit Puderzucker bestäuben.

APFELKUCHEN MIT MANDELKROKANT

Zubereitungszeit: 50 Minuten, ohne Abkühlzeit
Backzeit: etwa 45 Minuten

ZUTATEN FÜR 20 STÜCKE

FÜR DEN MANDELKROKANT:

100 g Butter
90 g Zucker
40 g flüssiger Honig
75 g Schlagsahne
200 g gehobelte Mandeln

FÜR DEN ALL-IN-TEIG:

275 g Weizenmehl
2 gestr. TL Backpulver
100 g Puderzucker
1 Pck. Vanillin-Zucker
3 Eier (Größe M)
170 g Butter oder Margarine (zimmerwarm)

FÜR DEN BELAG:

1 ½ kg Äpfel, z. B. Elstar
100 g Apfelgelee
1 Pck. Pudding-Pulver Vanille-Geschmack
1 Pck. Dessertsauce Vanille-Geschmack zum Kochen
40 g Zucker
50 g Semmelbrösel

PRO STÜCK:

E: 5 g, F: 19 g, Kh: 38 g, kcal: 350

1. Für den Krokant Butter, Zucker, Honig und Sahne in einem Topf unter Rühren langsam erhitzen und zum Kochen bringen. Mandeln unterrühren und unter Rühren nochmals kurz aufkochen lassen. Mandelmasse abkühlen lassen.

2. Den Backofen vorheizen.
Ober-/Unterhitze: etwa 180 °C
Heißluft: etwa 160 °C

3. Für den Teig Mehl mit Backpulver mischen und in eine Rührschüssel geben. Puderzucker, Vanillin-Zucker, Eier und Butter oder Margarine hinzufügen. Die Zutaten mit einem Mixer (Rührstäbe) zunächst kurz auf niedrigster, dann auf höchster Stufe in etwa 2 Minuten zu einem glatten Teig verarbeiten.

4. Einen Backrahmen auf ein Backblech (30 x 40 cm, gefettet) stellen. Den Teig auf dem Backblech verteilen und glatt streichen.

5. Für den Belag Äpfel schälen, halbieren, entstielen, entkernen und auf einer Haushaltsreibe grob raspeln. Apfelraspel mit dem Apfelgelee verrühren. Pudding-Pulver mit Saucenpulver, Zucker und Semmelbröseln vermischen, unter die Apfelmasse rühren, auf den Teigboden geben und verstreichen. Die Krokantmasse auf die Apfelmasse geben. Krokantmasse vorsichtig mithilfe von 2 Gabeln darauf verteilen.

6. Das Backblech in den vorgeheizten Backofen schieben. Den Kuchen **etwa 45 Minuten backen.**

7. Das Backblech auf einen Kuchenrost stellen. Den Apfelkuchen erkalten lassen.

APRIKOSEN-MOHN-BUTTERKUCHEN

Zubereitungszeit: 35 Minuten, ohne Teiggeh- und Abkühlzeit
Backzeit: 35–40 Minuten

ZUTATEN FÜR 20 STÜCKE

FÜR DEN HEFETEIG:

400 g Weizenmehl
30 g frische Hefe
180 ml lauwarme Milch (3,5 % Fett)
70 g Zucker
1 Prise Salz
50 g Butter (zimmerwarm)
2 Eier (Größe M)

FÜR DEN BELAG:

200 g Marzipan-Rohmasse
1 EL flüssiger Honig
200 ml Milch (3,5 % Fett)
60 g frisch gem. Mohn
960 g abgetropfte Aprikosenhälften (aus der Dose)
150 g Butter (zimmerwarm)
100 g gehobelte Mandeln

ZUM BESTÄUBEN:

etwa 3 EL Puderzucker

PRO STÜCK:

E: 7 g, F: 16 g, Kh: 34 g, kcal: 315

1. Für den Teig Mehl in eine Rührschüssel geben und in die Mitte eine Vertiefung eindrücken. Hefe hineinbröckeln, mit etwas Milch und Zucker verrühren und etwa 15 Minuten gehen lassen.

2. Anschließend restliche Milch, restlichen Zucker, 1 Prise Salz, Butter und Eier hinzufügen. Die Zutaten mit einem Mixer (Knethaken) zunächst kurz auf niedrigster, dann auf höchster Stufe in etwa 5 Minuten zu einem glatten Teig verarbeiten. Den Teig zugedeckt so lange an einem warmen Ort gehen lassen, bis er sich sichtbar vergrößert hat (etwa 30 Minuten).

3. In der Zwischenzeit für den Belag Marzipan grob reiben. Mit Honig und Milch in einem Topf unter Rühren kurz aufkochen. Mohn einrühren, nochmals kurz aufkochen lassen. Den Topf von der Kochstelle nehmen.

4. Den gegangenen Teig nochmals gut durchkneten und mit bemehlten Händen in einem tiefen Backblech (30 x 40 cm, gefettet) gleichmäßig verteilen, dabei den Teig gut in die Ecken drücken.

5. Marzipan-Mohn-Masse mit einem Löffel in dicken Streifen auf den Teig geben. Die Aprikosenhälften gleichmäßig darauf verteilen und leicht in den Teig drücken. Butter in Stückchen darauf verteilen und mit Mandeln bestreuen. Den Teig zugedeckt nochmals etwa 20 Minuten an einem warmem Ort gehen lassen.

6. Den Backofen vorheizen.
Ober-/Unterhitze: etwa 180 °C
Heißluft: etwa 160 °C

7. Das Backblech in den vorgeheizten Backofen schieben. Den Kuchen **35–40 Minuten goldbraun backen.**

8. Das Backblech auf einen Kuchenrost stellen. Den Butterkuchen erkalten lassen.

9. Den Kuchen vor dem Servieren in Stücke schneiden, dick mit Puderzucker bestäuben und servieren.

BANANEN-SCHOKO-TORTE

Zubereitungszeit: 40 Minuten, ohne Kühlzeit
Backzeit: etwa 25 Minuten

ZUTATEN FÜR 16 STÜCKE

FÜR DEN BISKUITTEIG:

3 Eier (Größe M)
100 g Zucker, 1 Pck. Vanillin-Zucker
80 g Weizenmehl
1 gestr. TL Backpulver
1 Pck. Pudding-Pulver Schokoladen-Geschmack

FÜR DIE FÜLLUNG UND DEN BELAG:

200 g Edelbitter-Schokolade (etwa 55 % Kakaoanteil)
100 g Schlagsahne (mind. 30 % Fett)
10 g Butter
2 große Bananen
1 EL Zitronensaft
3 Blatt weiße Gelatine
400 g Schlagsahne (mind. 30 % Fett)
1 Pck. Vanillin-Zucker

ZUM BESTÄUBEN:

evtl. Kakaopulver

PRO STÜCK:

E: 4 g, F: 16 g, Kh: 22 g, kcal: 251

1. Den Backofen vorheizen.
Ober-/Unterhitze: etwa 180 °C
Heißluft: etwa 160 °C

2. Für den Teig Eier in einer Rührschüssel mit einem Mixer (Rührstäbe) auf höchster Stufe in 1 Minute schaumig schlagen. Zucker mit Vanillin-Zucker mischen, in 1 Minute unter Rühren einstreuen, dann noch etwa 2 Minuten schlagen.

3. Mehl mit Backpulver und Pudding-Pulver mischen, kurz auf niedrigster Stufe unterrühren. Den Teig in eine Springform (Ø 26 cm, mit Backpapier belegt) geben und glatt streichen. Die Form auf dem Rost in den vorgeheizten Backofen (unteres Drittel) schieben. Den Biskuitboden **etwa 25 Minuten backen.**

4. Den Biskuitboden aus der Form lösen und auf einen mit Backpapier belegten Kuchenrost stürzen. Mitgebackenes Backpapier abziehen. Den Biskuitboden erkalten lassen.

5. Für die Füllung und den Belag Schokolade in Stücke brechen, mit Sahne und Butter in einem kleinen Topf im heißen Wasserbad bei schwacher Hitze unter Rühren schmelzen. Den Topf aus dem Wasserbad nehmen.

6. Den Biskuitboden einmal waagerecht durchschneiden. Den unteren Biskuitboden auf eine Tortenplatte legen. Ein Drittel der Schokoladenmasse daraufstreichen. Bananen schälen und in etwa 2 cm dicke Scheiben schneiden. Bananenscheiben mit Zitronensaft bestreichen und auf den mit Schokolade bestrichenen Tortenboden legen. Die Hälfte der restlichen Schokoladenmasse darauf verteilen. Tortenboden etwa 15 Minuten kalt stellen.

7. Gelatine nach Packungsanleitung einweichen. Sahne mit einem Mixer (Rührstäbe) mit Vanillin-Zucker steif schlagen. Eingeweichte Gelatine ausdrücken, in einem kleinen Topf unter Rühren auflösen, bis sie völlig gelöst ist, leicht abkühlen lassen. Gelatine zuerst mit 2–3 Esslöffeln der Sahne verrühren, dann unter die restliche Sahne rühren. Gut die Hälfte der Sahne auf den mit Bananenscheiben belegten Tortenboden geben und glatt streichen. Den oberen Tortenboden darauflegen und leicht andrücken.

8. Restliche Sahne auf die Tortenoberfläche geben und wellenartig verstreichen. Restliche Schokoladenmasse evtl. nochmals kurz erwärmen und mithilfe eines Teelöffels kleine Häufchen auf die Sahne geben. Die Schokoladenmasse mit dem Löffelstiel so durch die Sahne ziehen, dass ein Marmormuster entsteht. Die Torte etwa 2 Stunden in den Kühlschrank stellen.

9. Zum Schluss die Bananen-Schoko-Torte nach Belieben vor dem Servieren mit ein wenig Kakaopulver bestäuben.

BEERENMIX AUF REISKUCHEN

Zubereitungszeit: 40 Minuten, ohne Teiggehzeit
Backzeit: etwa 35 Minuten

ZUTATEN FÜR 20 STÜCKE

FÜR DEN HEFETEIG:

300 g Weizenmehl
½ Pck. (21 g) frische Hefe
50 g Zucker
150 ml lauwarme Milch (3,5 % Fett)
1 Prise Salz
100 g zerlassene, abgekühlte Butter oder Margarine

FÜR DEN BELAG:

1 Pck. Milchreis nach klassischer Art (Süße Mahlzeit)
250 g Schlagsahne
200 ml Milch (3,5 % Fett)
je 250 g Himbeeren und Heidelbeeren

ZUM BETRÄUFELN UND BESTREUEN:

50 g zerlassene Butter
25 g gehobelte Mandeln
40 g Zimt-Zucker

PRO STÜCK:

E: 4 g, F: 12 g, Kh: 24 g, kcal: 220

1. Für den Teig Mehl in eine Rührschüssel geben. In die Mitte eine Vertiefung drücken und die Hefe hineinbröckeln. Zucker und etwas Milch hinzufügen. Mit einem kleinen Teil des Mehls mit einer Gabel vorsichtig verrühren und etwa 10 Minuten gehen lassen.

2. Salz, Butter oder Margarine und restliche Milch hinzufügen. Die Zutaten mit einem Mixer (Rührstäbe) zunächst kurz auf niedrigster, dann auf höchster Stufe in etwa 5 Minuten zu einem glatten Teig verarbeiten. Den Teig mit Mehl bestäuben und zugedeckt so lange an einem warmen Ort gehen lassen, bis er sich sichtbar vergrößert hat (etwa 30 Minuten).

3. In der Zwischenzeit für den Belag den Milchreis nach Packungsanleitung, aber mit 250 g Schlagsahne und 200 ml Milch, zubereiten. Den Reis unter Rühren erkalten lassen.

4. Die Himbeeren und Heidelbeeren verlesen, kurz abspülen und auf Küchenpapier gut abtropfen lassen.

5. Den gegangenen Teig leicht mit Mehl bestäuben, aus der Schüssel nehmen, auf einer bemehlten Arbeitsfläche nochmals gut durchkneten und auf einem Backblech (30 x 40 cm, gefettet, mit Backpapier belegt) ausrollen. Den Milchreis darauf verteilen, glatt streichen und mit einem Esslöffelrücken etwa 20 Vertiefungen eindrücken. Die Beerenfrüchte in die Vertiefungen geben.

6. Zum Beträufeln und Bestreuen die Zwischenräume mit der zerlassenen Butter beträufeln, mit Mandeln, dann mit Zimt-Zucker bestreuen.

7. Den belegten Teig nochmals so lange an einem warmen Ort gehen lassen, bis er sich sichtbar vergrößert hat (etwa 15 Minuten).

8. In der Zwischenzeit den Backofen vorheizen.
Ober-/Unterhitze: etwa 180 °C
Heißluft: etwa 160 °C

9. Das Backblech in den vorgeheizten Backofen schieben. Den Kuchen **etwa 35 Minuten backen.**

10. Das Backblech auf einen Kuchenrost stellen. Den Beeren-Reis-Kuchen erkalten lassen.

TIPPS:

Die Beerenfrüchte kurz vor dem Servieren mit Puderzucker bestäuben. Oder die Beerenfrüchte mit 2 Esslöffeln Johannisbeergelee (Gelee vorher kurz aufkochen lassen) überziehen.

BIENENSTICH MIT PFLAUMENMUS-FÜLLUNG

Zubereitungszeit: 50 Minuten, ohne Abkühl- und Teiggehzeit
Backzeit: etwa 25 Minuten

ZUTATEN FÜR 24 STÜCKE

ZUM VORBEREITEN FÜR DIE FÜLLUNG:

2 Pck. Pudding-Pulver Bourbon-Vanille-Geschmack
850 ml Milch (3,5 % Fett)
40 g Zucker

FÜR DEN HEFETEIG:

500 g Weizenmehl
42 g frische Hefe
225 ml lauwarme Milch (3,5 % Fett)
75 g Zucker
1 Pck. Bourbon-Vanille-Zucker
75 g zerlassene Butter
2 Eier (Größe M)

FÜR DEN BELAG:

150 g Butter
150 g Zucker
3 EL flüssiger Honig
1 Pck. Bourbon-Vanille-Zucker
200 g gestiftelte oder gehobelte Mandeln
3–4 Tropfen Backaroma Buttervanille
4–6 EL Milch

FÜR DIE FÜLLUNG:

225 g Butter (zimmerwarm)
75 g Puderzucker
1 EL Zitronensaft
1 TL Bio-Zitronenschale (unbehandelt, ungewachst)
300 g Pflaumenmus

PRO STÜCK:

E: 7 g, F: 23 g, Kh: 43 g, kcal: 405

1. Zum Vorbereiten für die Füllung Pudding-Pulver mit 6 Esslöffeln Milch anrühren. Restliche Milch und Zucker zum Kochen bringen. Angerührtes Pudding-Pulver in die von der Kochstelle genommene Milch rühren und unter Rühren ½ Minute kochen lassen. Pudding in eine Schüssel füllen, etwas abkühlen lassen, dann direkt mit Frischhaltefolie abdecken und bei Zimmertemperatur erkalten lassen.

2. Für den Teig Mehl in eine Rührschüssel geben und in die Mitte eine Vertiefung eindrücken. Hefe hineinbröckeln, mit 1 Prise Salz, etwas Milch, Zucker und Vanille-Zucker verrühren und etwa 15 Minuten gehen lassen.

3. Anschließend restliche Milch, Butter und Eier hinzufügen. Die Zutaten mit einem Mixer (Knethaken) zunächst kurz auf niedrigster, dann auf höchster Stufe in etwa 5 Minuten zu einem glatten Teig verarbeiten. Den Hefeteig zugedeckt so lange an einem warmen Ort gehen lassen, bis er sich sichtbar vergrößert hat (etwa 40 Minuten).

4. Für den Belag Butter, Zucker, Honig, Vanille-Zucker, Mandeln und Backaroma in einer Pfanne zum Kochen bringen, bis die Masse goldgelb ist. Dann Milch unterrühren. Mandelmasse abkühlen lassen.

5. Den gegangenen Teig nochmals kräftig durchkneten und in einer Fettpfanne (30 x 40 cm, gefettet) ausrollen. Mandelmasse gleichmäßig auf dem Teig verstreichen. Den Teig nochmals etwa 10 Minuten gehen lassen.

6. In der Zwischenzeit den Backofen vorheizen.
Ober-/Unterhitze: etwa 200 °C
Heißluft: etwa 180 °C

7. Das Backblech in den vorgeheizten Backofen schieben. Die Kuchenplatte **in etwa 25 Minuten goldbraun backen.**

8. Das Backblech auf einen Kuchenrost stellen. Die Kuchenplatte erkalten lassen.

9. Für die Füllung Butter, Puderzucker, Zitronensaft und -schale mit dem Mixer (Rührstäbe) hellcremig aufschlagen. Vorbereiteten Pudding durchrühren und esslöffelweise gut unterrühren. Dabei darauf achten, dass Butter und Pudding Zimmertemperatur haben, da die Creme sonst gerinnt.

10. Die Kuchenplatte in 3–4 gleich große Streifen schneiden, vom Backpapier lösen und waagerecht durchschneiden. Zunächst Pflaumenmus, dann die Buttercreme auf den Unterteilen verstreichen. Obere Kuchenplatten in Portionsstücke schneiden (so quillt die Füllung beim Aufschneiden nicht heraus) und auflegen. Bienenstich in den Kühlschrank stellen.

11. Den Bienenstich etwa 30 Minuten vor dem Servieren aus dem Kühlschrank nehmen, dann die Kuchenstreifen in Stücke schneiden und auf einer Kuchenplatte anrichten.

BIRNENKUCHEN MIT INGWERSTREUSELN

Zubereitungszeit: 45 Minuten, ohne Abkühlzeit
Backzeit: etwa 40 Minuten

ZUTATEN FÜR 12 STÜCKE

FÜR DIE STREUSEL:

1 Bio-Orange (unbehandelt, ungewachst)
40 g frischer Ingwer
80 g Butter oder Margarine (zimmerwarm)
120 g Weizenmehl
30 g flüssiger Honig

FÜR DEN BELAG:

500 g Birnen
1 EL Zitronensaft

FÜR DEN TEIG:

200 g weiße Kuvertüre
150 g Butter
4 Eiweiß (Größe M)
1 Prise Salz
70 g Zucker
4 Eigelb (Größe M)
50 g flüssiger Honig
2 EL Orangensaft
200 g Weizenmehl
2 gestr. TL Backpulver
100 g gehackte Haselnusskerne
100 g gehackte Mandeln

80 g frische Preiselbeeren

PRO STÜCK:

E: 9 g, F: 34 g, Kh: 46 g, kcal: 529

1. Für die Streusel Orange heiß abwaschen, abtrocknen und die Schale fein abreiben. Orange halbieren und den Saft auspressen. 2 Esslöffel Saft abmessen. Ingwer schälen und fein reiben. Orangenschale, Butter oder Margarine, Ingwer, Mehl und den Honig in einer Rührschüssel mit einem Mixer (Rührstäbe) zu Streuseln verarbeiten. Streusel zugedeckt in den Kühlschrank stellen.

2. Für den Belag die Birnen abspülen, abtrocknen, schälen, vierteln, entkernen und in Spalten schneiden. Birnenspalten sofort mit Zitronensaft beträufeln und zugedeckt beiseitestellen.

3. Für den Teig Kuvertüre hacken und mit Butter in einem kleinen Topf im heißen Wasserbad bei schwacher Hitze unter Rühren schmelzen, etwas abkühlen lassen.

4. Den Backofen vorheizen.
Ober-/Unterhitze: etwa 180 °C
Heißluft: etwa 160 °C

5. Das Eiweiß und 1 Prise Salz mit dem Mixer (Rührstäbe) steif schlagen, dabei den Zucker einrieseln lassen.

6. Eigelb und Honig in einer Rührschüssel mit dem Mixer (Rührstäbe) zu einer schaumigen Masse aufschlagen (etwa 5 Minuten).

7. Zunächst die Kuvertüre-Butter-Mischung unterrühren, dann 2 Esslöffel Orangensaft unterrühren. Das Mehl mit Backpulver mischen und kurz auf niedrigster Stufe unterrühren. Eischnee, Haselnusskerne und Mandeln vorsichtig unterheben.

8. Den Teig in eine Springform (Ø 26 cm, gefettet, mit Backpapier belegt) geben, glatt streichen und mit den Birnenspalten belegen. Preiselbeeren abspülen, trocken tupfen und auf den Birnenspalten verteilen. Streusel darauf verteilen.

9. Form auf dem Rost in den vorgeheizten Backofen schieben. Birnenkuchen **etwa 40 Minuten backen.**

10. Die Form auf einen Kuchenrost stellen. Birnenkuchen erkalten lassen und in Stücke schneiden.

BIRNEN-MÜSLI-TORTE

Zubereitungszeit: 40 Minuten, ohne Kühlzeit

ZUTATEN FÜR 12 STÜCKE

FÜR DEN BODEN:

120 g Zucker
30 g Butter
100 g Sonnenblumenkerne
100 g kernige Haferflocken

100 g Zartbitter-Schokolade
(etwa 50 % Kakaoanteil)
1 EL Speiseöl

FÜR DEN BELAG:

460 g abgetropfte Birnenhälften
(aus der Dose)
2 Blatt weiße Gelatine
1 Pck. Pudding-Pulver Vanille-Geschmack
300 ml Birnensaft (aus der Dose)
1 TL Zucker
1 EL Zitronensaft
400 g Schlagsahne (mind. 30 % Fett)
2 Pck. Sahnesteif
1 Pck. Vanillin-Zucker

PRO STÜCK:

E: 5 g, F: 21 g, Kh: 36 g, kcal: 354

1. Einen Springformrand (Ø 26 cm) oder Tortenring auf eine mit Tortenspitze oder Backpapier belegte Platte stellen.

2. Für den Boden Zucker und Butter in einer Pfanne schmelzen und leicht bräunen lassen. Sonnenblumenkerne und Haferflocken hinzugeben und unter Rühren mitbräunen lassen.

3. Drei Viertel der Müslimasse sofort in den Tortenring oder Springformrand geben und mit einer Gabel zu einem Boden andrücken. Die restliche Müslimasse auf ein Stück Backpapier geben. Müsliboden und -masse erkalten lassen.

4. Schokolade in Stücke brechen, mit Speiseöl in einem kleinen Topf im heißen Wasserbad bei schwacher Hitze unter Rühren schmelzen. Die Schokolade bis auf 2 Esslöffel mit einem Backpinsel auf den Müsliboden streichen. Schokolade fest werden lassen.

5. Für den Belag Birnenhälften in einem Sieb abtropfen lassen, den Saft auffangen und 300 ml abmessen. 2 Birnenhälften zum Garnieren beiseitelegen. Restliche Birnenhälften in kleine Würfel schneiden.

6. Gelatine nach Packungsanleitung einweichen. Aus Pudding-Pulver, Birnensaft und Zucker einen Pudding nach Packungsanleitung, aber mit den angegebenen Zutaten, zubereiten. Eingeweichte Gelatine in dem heißen Pudding unter Rühren auflösen. Birnenwürfel und Zitronensaft unterheben. Den Birnenpudding unter gelegentlichem Rühren erkalten lassen, auf den Müsliboden geben und glatt streichen.

7. Sahne mit einem Mixer (Rührstäbe) mit Sahnesteif und Vanillin-Zucker steif schlagen. Die Sahne auf den Birnenpudding geben und leicht kuppelartig daraufstreichen. Die Torte etwa 1 Stunde in den Kühlschrank stellen. Tortenring oder Springformrand lösen und entfernen.

8. Die beiseitegelegten Birnenhälften in Spalten schneiden. Die Tortenoberfläche kurz vor dem Servieren mit Birnenspalten und dem restlichen Müsli garnieren. Die restliche aufgelöste Schokolade evtl. nochmals erwärmen und auf die Torte sprenkeln.

TIPPS:

Die Torte sofort servieren, sonst löst sich das karamellisierte Müsli. Die Karamell-Müsli-Mischung zum Bestreuen eventuell etwas klein hacken.

BIRNEN-SCHOKOLADEN-KUCHEN

- Zubereitungszeit: 60 Minuten, ohne Abkühlzeit
  Backzeit: etwa 35 Minuten
- ▲ Mit Alkohol

ZUTATEN FÜR 20 STÜCKE

FÜR DEN BELAG:

20 kleine Birnen, z. B. Conference
250 ml Weißwein
400 ml Apfelsaft
abger. Schale und Saft von 1 Bio-Zitrone (unbehandelt, ungewachst)
150 g Zucker
1 Stück Stangenzimt
½ Vanilleschote

FÜR DEN TEIG:

200 g Zartbitter-Schokolade (mind. 50 % Kakaoanteil)
150 g Butter
5 Eier (Größe M)
100 g Zucker
1 Pck. Vanillin-Zucker
150 g Weizenmehl
50 g Semmelbrösel
2 gestr. TL Backpulver
125 g Crème fraîche

ZUM BESTREICHEN:

3 EL Apfelgelee
2 EL Birnenflüssigkeit (von den Birnen)

PRO STÜCK:

E: 6 g, F: 16 g, Kh: 36 g, kcal: 315

1. Für den Belag Birnen schälen und mit einem kleinen Kugelausstecher das Kerngehäuse entfernen. Übrige Zutaten in einem Topf zum Kochen bringen. Birnen hinzugeben, wieder zum Kochen bringen und 15–20 Minuten (je nach Reife der Birnen) bei schwacher Hitze kochen lassen. Die Birnen in der Flüssigkeit etwa 1 Stunde abkühlen lassen. Anschließend in einem Sieb abtropfen lassen und die Flüssigkeit auffangen.

2. Für den Teig Schokolade in Stücke brechen, mit der Butter in einem Topf im heißen Wasserbad bei schwacher Hitze unter Rühren schmelzen. Die Schokoladenmasse etwas abkühlen lassen.

3. Den Backofen vorheizen.
Ober-/Unterhitze: etwa 180 °C
Heißluft: etwa 160 °C

4. Eier in einer Rührschüssel mit einem Mixer (Rührstäbe) auf höchster Stufe in 1 Minute schaumig schlagen. Zucker mit Vanillin-Zucker mischen, in 1 Minute unter Rühren einstreuen, dann noch etwa 2 Minuten schlagen. Mehl mit Semmelbröseln und Backpulver mischen und unter die Eiercreme heben. Schokoladenmasse und Crème fraîche vorsichtig unterrühren.

5. Einen Backrahmen auf ein Backblech (30 x 40 cm, gefettet) stellen. Den Teig auf das Backblech geben und glatt streichen. Birnen darauf verteilen und etwas in den Teig drücken. Das Backblech in den vorgeheizten Backofen schieben. Den Kuchen **etwa 35 Minuten backen.**

6. Das Backblech auf einen Kuchenrost stellen. Zum Bestreichen Apfelgelee mit der aufgefangenen Birnenflüssigkeit in einem kleinen Topf verrühren und aufkochen lassen. Kuchenoberfläche und Birnen damit bestreichen. Den Kuchen erkalten lassen, Backrahmen lösen und entfernen.

BEILAGE:

125 g Crème fraîche mit 250 g Speisequark und 100 ml Birnenflüssigkeit (von den Birnen) verrühren. 1 Päckchen Sahnesteif mit 1 Teelöffel Zucker mischen und hinzugeben. Zutaten mit dem Mixer (Rührstäbe) cremig aufschlagen.

BLONDE SANDDORN-WELLE

Zubereitungszeit: 55 Minuten, ohne Kühlzeit
Backzeit: etwa 25 Minuten

ZUTATEN FÜR 30 STÜCKE

FÜR DEN TEIG:

3 Eier (Größe M)
175 g Zucker
175 ml Sonnenblumenöl
375 g Weizenmehl
3 gestr. TL Backpulver
175 ml Milch (3,5 % Fett)
3 EL Orangensaft
1 Pck. Pudding-Pulver Vanille-Geschmack
250 g Sanddorn-Aufstrich (70 % Sanddorn) oder Sanddornkonfitüre
125 g rote Johannisbeer- oder Kirschkonfitüre

FÜR DEN BELAG:

1 Pck. Pudding-Pulver Vanille-Geschmack
500 ml Milch (3,5 % Fett)
200 g Marzipan-Rohmasse

200 g Butter (zimmerwarm)
1 TL Bio-Zitronenschale (unbehandelt, ungewachst)
20 g Zucker

FÜR DEN GUSS:

225 g helle Kuvertüre
1 ½ EL Speiseöl

PRO STÜCK:

E: 4 g, F: 17 g, Kh: 35 g, kcal: 312

1. Den Backofen vorheizen.
Ober-/Unterhitze: etwa 180 °C
Heißluft: etwa 160 °C

2. Für den Teig Eier, 1 Prise Salz und Zucker in einer Rührschüssel mit dem Mixer (Rührstäbe) auf höchster Stufe dickcremig aufschlagen. Langsam das Sonnenblumenöl hinzugießen. Mehl mit Backpulver mischen und abwechselnd mit der Milch auf mittlerer Stufe unterrühren.

3. Orangensaft und Pudding-Pulver glatt verrühren, 150 g Sanddorn-Aufstrich oder Konfitüre sorgfältig unterrühren. Dann etwa ein Drittel von dem Teig untermischen.

4. Restlichen Teig in einem tiefen Backblech oder einer Fettpfanne (30 x 40 cm, gefettet) glatt verstreichen. Den Sanddornteig darauf verteilen und vorsichtig glatt streichen. Restlichen Sanddorn-Aufstrich oder Konfitüre in keinen Klecksen auf dem Teig verteilen und mit einem Teelöffel wellenartig in den Teig streichen. Johannisbeer- oder Kirschkonfitüre in Klecksen daraufsetzen und leicht in den Teig drücken.

5. Das Backblech in den vorgeheizten Backofen schieben. Die Gebäckplatte **in etwa 25 Minuten goldbraun backen.**

6. Das Backblech auf einen Kuchenrost stellen. Die Gebäckplatte erkalten lassen.

7. In der Zwischenzeit für den Belag Pudding-Pulver mit 100 ml Milch anrühren. Marzipan in Stücke schneiden und mit der restlichen Milch in einem Topf unter Rühren zum Kochen bringen, dabei das Marzipan schmelzen lassen.

8. Angerührtes Pudding-Pulver unter die von der Kochstelle genommene Marzipanmilch rühren und unter Rühren nochmals kurz aufkochen lassen. Die Puddingcreme sofort in eine Schüssel umfüllen. Frischhaltefolie direkt auf die Oberfläche legen. Puddingcreme bei Zimmertemperatur erkalten lassen.

9. Butter, Zitronenschale und Zucker mit dem Mixer (Rührstäbe) auf höchster Stufe hellcremig aufschlagen. Die Puddingcreme mit einem feinen Schneebesen gut durchrühren oder durch ein Sieb streichen. Die Puddingcreme löffelweise gut unter die Butter schlagen.

10. Die Puddingcreme auf der Gebäckplatte verteilen und mit einer Teigkarte glatt verstreichen. Den Kuchen in den Kühlschrank stellen und gut durchkühlen lassen.

11. Für den Guss Kuvertüre grob hacken, mit Speiseöl in einer Schüssel im heißen Wasserbad bei schwacher Hitze unter Rühren schmelzen. Den Guss gleichmäßig auf dem Kuchen verteilen und sofort mit einer Teigkarte auf der Creme glatt verstreichen. Guss am besten im Kühlschrank fest werden lassen.

12. Den Kuchen mit einem scharfen Messer (evtl. vorab in heißes Wasser tauchen) in Stücke schneiden, vom Backblech lösen und servieren.

BROWNIE-NUSS-TORTE MIT NOUGAT-QUARK-SAHNE

● Zubereitungszeit: 30 Minuten, ohne Kühlzeit
Backzeit: 30–35 Minuten

ZUTATEN FÜR 12 STÜCKE

FÜR DEN BODEN:

150 ml Wasser
60 g gesiebtes Kakaopulver
150 g Butter (zimmerwarm)
120 g Zucker
75 g brauner Zucker
1 Pck. Vanillin-Zucker
3 Eier (Größe M)
140 g gem. Haselnusskerne

FÜR DEN BELAG:

150 g Nuss-Nougat
(Frühstücksaufstrich)
250 g Magerquark
300 g Schlagsahne (mind. 30 % Fett)
2 Pck. Sahnesteif

ZUSÄTZLICH:

etwas Puderzucker
etwas Kakaopulver

PRO STÜCK:

E: 8 g, F: 32 g, Kh: 29 g, kcal: 441

1. Den Backofen vorheizen.
Ober-/Unterhitze: etwa 180 °C
Heißluft: etwa 160 °C

2. Für den Teig 150 ml Wasser in einem Topf zum Kochen bringen. Kakao mit einem kleinen Schneebesen gut einrühren, bis eine gleichmäßige Creme entstanden ist. Creme etwas abkühlen lassen.

3. Butter, 2 Prisen Salz, weißen und braunen Zucker sowie Vanillin-Zucker in einer Rührschüssel mit dem Mixer (Rührstäbe) auf höchster Stufe hellcremig aufschlagen. Eier einzeln unterrühren (jedes Ei etwa ½ Minute). Zunächst angerührte Kakaocreme, dann die Haselnusskerne kurz unterrühren.

4. Den Teig in eine Springform (Ø 26 cm, mit Backpapier belegt) füllen und glatt streichen. Die Form auf dem Rost in den vorgeheizten Backofen schieben. Brownieboden **30–35 Minuten backen.**

5. Die Form auf einen Kuchenrost stellen. Den Brownieboden in der Form erkalten lassen.

6. Für den Belag Nuss-Nougat und Quark in einer Rührschüssel glatt verrühren. Sahne mit dem Mixer (Rührstäbe) mit Sahnesteif steif schlagen. Sahne portionsweise mit einem Teigschaber unter die Quark-Nougat-Masse rühren.

7. Den Brownieboden aus der Form lösen und auf eine Tortenplatte setzen. Die Creme nach Belieben in einen Spritzbeutel mit Lochtülle (Ø 10 mm) füllen und dicke Tupfen dicht an dicht auf den Brownieboden spritzen. Die Torte etwa 1 Stunde in den Kühlschrank stellen.

8. Puderzucker in ein feines Sieb geben. Den Gebäckrand damit bestäuben. Dann Kakao in das Sieb geben, die Cremetupfen damit fein bestäuben. Sofort servieren.

BUCHWEIZEN-HOLUNDER-TORTE

Zubereitungszeit: 45 Minuten, ohne Abkühlzeit
Backzeit: etwa 30 Minuten

ZUTATEN FÜR 16 STÜCKE

FÜR DEN BISKUITTEIG:

4 Eier (Größe M)
175 g Zucker, 1 Pck. Vanillin-Zucker
200 g Buchweizenmehl
2 gestr. TL Backpulver
100 ml Speiseöl

FÜR DIE FÜLLUNG:

6 Blatt weiße Gelatine
500 ml Holundersaft (Handelsware)
100 g Zucker
1 Pck. Pudding-Pulver Vanille-Geschmack
500 g Schlagsahne
(mind. 30 % Fett)
1 Pck. Sahnesteif

ZUM BESTREICHEN:

2 EL Himbeerkonfitüre

FÜR DEN RAND:

etwa 50 g weiße Schokolade

PRO STÜCK:

E: 5 g, F: 19 g, Kh: 38 g, kcal: 341

1. Den Backofen vorheizen.
Ober-/Unterhitze: etwa 180 °C
Heißluft: etwa 160 °C

2. Für den Teig Eier in einer Rührschüssel mit einem Mixer (Rührstäbe) auf höchster Stufe in 1 Minute schaumig schlagen. Zucker mit Vanillin-Zucker mischen, in 1 Minute einstreuen, dann noch etwa 2 Minuten schlagen.

3. Mehl mit Backpulver mischen. Die Hälfte davon auf die Eiercreme geben und kurz auf niedrigster Stufe unterrühren. Restliches Mehlgemisch auf die gleiche Weise unterarbeiten. Speiseöl vorsichtig unterrühren.

4. Den Teig in eine Springform (Ø 26 cm, mit Backpapier belegt) geben und glatt streichen. Die Form auf dem Rost in den vorgeheizten Backofen (unteres Drittel) schieben. Den Biskuitboden **etwa 30 Minuten backen.**

5. Den Biskuitboden aus der Form lösen, auf einen mit Backpapier belegten Kuchenrost stürzen und erkalten lassen. Mitgebackenes Backpapier entfernen.

6. Für die Füllung Gelatine nach Packungsanleitung einweichen. Aus Holundersaft, Zucker und Pudding-Pulver einen Pudding nach Packungsanleitung zubereiten. Eingeweichte Gelatine leicht ausdrücken und in dem heißen Pudding unter Rühren auflösen. Den Pudding unter mehrmaligem Rühren erkalten lassen.

7. Sahne mit dem Mixer (Rührstäbe) mit Sahnesteif steif schlagen. 3 Esslöffel Sahne abnehmen und kalt stellen. Wenn die Puddingmasse anfängt zu gelieren, 1 Esslöffel der Puddingmasse abnehmen, in ein Pergamentpapiertütchen (Gefrierbeutel) füllen und beiseitestellen (nicht kalt stellen). Restliche Sahne unter die restliche Puddingmasse heben.

8. Den Biskuitboden zweimal waagerecht durchschneiden. Den unteren Boden auf eine Tortenplatte legen und mit Konfitüre bestreichen. Ein Drittel der Holunderbeer-Sahne-Creme daraufgeben und glatt streichen.

9. Den mittleren Boden darauflegen und mit der Hälfte der restlichen Holunderbeer-Sahne-Creme bestreichen. Mit dem oberen Boden belegen.

10. Tortenrand und -oberfläche mit der restlichen Holunderbeer-Sahne-Creme bestreichen. Die kalt gestellte Sahne als kleine Häufchen auf die Tortenoberfläche setzen. Sahnehäufchen mit dem Holunderbeerpudding aus dem Pergamentpapiertütchen (Gefrierbeutel) verzieren.

11. Für den Rand Schokolade mit einem Sparschäler raspeln. Den Tortenrand damit bestreuen. Torte etwa 2 Stunden in den Kühlschrank stellen.

BUCHWEIZENROLLE MIT PREISELBEERSAHNE

◷ Zubereitungszeit: 60 Minuten, ohne Kühlzeit
Backzeit: 12–14 Minuten
▲ Mit Alkohol

ZUTATEN FÜR 12 STÜCKE

FÜR DEN BISKUITTEIG:

5 Eier (Größe M)
100 g Zucker
1 EL flüssiger Honig
100 g Buchweizenmehl
25 g Weizenmehl
1 gestr. TL Backpulver
3–4 EL Haselnuss- oder Mandellikör

FÜR DIE FÜLLUNG:

6–7 Blatt weiße Gelatine
150 g Preiselbeerkompott (aus dem Glas)
250 g Vollmilch-Joghurt
3 EL Beerenlikör
250 g Schlagsahne (mind. 30 % Fett)

ZUM BESTREICHEN UND BESTREUEN:

80–100 g gehobelte Mandeln
175 g weiße Kuvertüre
2 TL Speiseöl

ZUSÄTZLICH:

3 EL Zucker

PRO STÜCK:

E: 8 g, F: 19 g, Kh: 40 g, kcal: 372

1. Den Backofen vorheizen.
Ober-/Unterhitze: etwa 180 °C
Heißluft: etwa 160 °C

2. Für den Teig Eier trennen. Eiweiß mit 1 Prise Salz und 3 Esslöffeln kaltem Wasser mit dem Mixer (Rührstäbe) sehr steif schlagen. Nach und nach den Zucker einrieseln lassen. So lange schlagen, bis sich der Zucker gelöst hat.

3. Eigelb, 2 Esslöffel warmes Wasser und Honig in eine Rührschüssel geben und mit dem Mixer (Rührstäbe) auf höchster Stufe hellcremig aufschlagen. Buchweizen- und Weizenmehl mit Backpulver mischen und auf die Eigelbmasse geben. Den Eischnee daraufgeben. Alles mit einem Teigspatel locker unterheben.

4. Den Teig auf ein Backblech (30 x 40 cm, mit Backpapier belegt) geben und glatt verstreichen. Das Backblech in den vorgeheizten Backofen schieben. Biskuitplatte **in 12–14 Minuten hellbraun backen.**

5. Das Backblech auf einen Kuchenrost stellen. Die Biskuitplatte vom Backblechrand lösen und auf ein mit Zucker bestreutes Geschirrtuch stürzen. Mitgebackenes Backpapier vorsichtig abziehen. Die Biskuitplatte mit dem Geschirrtuch nicht zu fest aufrollen und erkalten lassen.

6. Für die Füllung Gelatine nach Packungsanleitung einweichen. Preiselbeeren in einem kleinen Topf unter Rühren erhitzen und flüssig werden lassen. Den Topf von der Kochstelle nehmen, die Preiselbeeren etwas abkühlen lassen. Eingeweichte Gelatine ausdrücken, zu den Preiselbeeren geben und unter Rühren auflösen. Einige Esslöffel Joghurt unter die Preiselbeeren rühren. Dann den restlichen Joghurt unterschlagen. Preiselbeer-Joghurt-Masse in den Kühlschrank stellen.

7. Die Biskuitplatte vorsichtig entrollen und mit Likör beträufeln, Geschirrtuch entfernen. Sahne mit dem Mixer (Rührstäbe) steif schlagen. Sobald die Preiselbeer-Joghurt-Masse anfängt zu gelieren, Sahne unterheben.

8. Die Preiselbeer-Joghurt-Creme auf der Biskuitplatte glatt verstreichen. Dabei an den Seiten 3–4 cm frei lassen. Biskuitplatte von der längeren Seite aus aufrollen und mit der Nahtseite nach unten auf eine Platte legen.

9. Biskuitrolle mit Frischhaltefolie zugedeckt mindestens 4 Stunden, am besten über Nacht, in den Kühlschrank stellen.

10. Zum Bestreichen und Bestreuen Mandeln in einer Pfanne ohne Fett unter Wenden rösten, sofort herausnehmen und auf einem Teller erkalten lassen.

11. Kuvertüre grob hacken, mit Speiseöl in einer Schüssel im heißen Wasserbad bei schwacher Hitze unter Rühren schmelzen.

12. Biskuitrolle mit der Kuvertüre gleichmäßig bestreichen. Die Mandeln dick daraufstreuen und an den Seiten leicht andrücken. Die Buchweizenrolle etwa 1 Stunde in den Kühlschrank stellen.

BUCHWEIZENTORTE MIT BROMBEEREN

Zubereitungszeit: 60 Minuten, ohne Kühlzeit
Backzeit: 30–35 Minuten

ZUTATEN FÜR 16 STÜCKE

FÜR DEN BISKUITTEIG:

6 Eier (Größe M)
2 EL heißes Wasser
125 g Zucker
1 Pck. Geriebene Zitronenschale
200 g Buchweizenmehl
½ gestr. TL Backpulver

FÜR DIE FÜLLUNG:

375 g Brombeeren
6 Blatt weiße Gelatine
100 g Zucker
1 Pck. Vanillin-Zucker
2 EL Zitronensaft
500 g Schlagsahne (mind. 30 % Fett)

ZUM BESTREICHEN:

225 g Brombeergelee

FÜR DEN BELAG:

375 g Brombeeren

ZUM VERZIEREN:

250 g Schlagsahne (mind. 30 % Fett)
1 Pck. Sahnesteif
1 TL Zucker

PRO STÜCK:

E: 5 g, F: 17 g, Kh: 37 g, kcal: 335

1. Den Backofen vorheizen.
Ober-/Unterhitze: etwa 180 °C
Heißluft: etwa 160 °C

2. Für den Teig Eier und Wasser mit einem Mixer (Rührstäbe) auf höchster Stufe in 1 Minute schaumig schlagen. Zucker und Zitronenschale mischen, in 1 Minute einstreuen, dann noch etwa 2 Minuten schlagen.

3. Buchweizenmehl mit Backpulver mischen. Die Hälfte davon auf die Eiercreme geben und kurz auf niedrigster Stufe unterrühren. Restliches Mehlgemisch auf die gleiche Weise unterarbeiten.

4. Den Teig in eine Springform (Ø 28 cm, gefettet, mit Backpapier belegt) geben und glatt streichen. Die Form auf dem Rost in den vorgeheizten Backofen schieben und den Kuchen **30–35 Minuten backen.**

5. Den Biskuitboden sofort aus der Form lösen, auf einen Kuchenrost stürzen und erkalten lassen. Mitgebackenes Backpapier abziehen. Biskuitboden zweimal waagerecht durchschneiden.

6. Für die Füllung Brombeeren vorsichtig waschen, abtropfen lassen, eventuell entstielen, pürieren und durch ein Sieb streichen. Gelatine nach Packungsanleitung einweichen und leicht ausdrücken. Gelatine in einem kleinen Topf unter Rühren auflösen.

7. Zucker, Vanillin-Zucker und Zitronensaft mischen, mit dem Brombeerpüree verrühren, Gelatine gut unterrühren. Sahne mit dem Mixer (Rührstäbe) steif schlagen. Wenn die Brombeermasse anfängt dicklich zu werden, Sahne unterheben.

8. Zum Bestreichen den unteren Biskuitboden auf eine Tortenplatte legen und mit 3 Esslöffeln Brombeergelee bestreichen. Einen Tortenring darumlegen. Die Hälfte der Brombeersahne auf den unteren Biskuitboden streichen und mit dem mittleren Biskuitboden belegen. Die restliche Brombeersahne darauf verteilen. Den oberen Biskuitboden darauflegen und etwas andrücken. Die Torte etwa 1 Stunde kalt stellen. Dann den Tortenring lösen und entfernen.

9. Für den Belag Brombeeren waschen, gut abtropfen lassen, eventuell entstielen. Die Tortenmitte damit belegen.

10. Restliches Gelee unter Rühren erwärmen, bis es aufgelöst ist, etwas abkühlen lassen. Die Brombeeren damit bestreichen.

11. Zum Verzieren Sahne mit dem Mixer (Rührstäbe) mit Sahnesteif und Zucker steif schlagen. Den Tortenrand mit etwas Sahne bestreichen. Restliche Sahne in einen Spritzbeutel mit Sterntülle füllen. Den Rand der Tortenoberfläche damit verzieren. Die Torte nochmals 30 Minuten kalt stellen.

BUTTERKUCHEN

Zubereitungszeit: 20 Minuten, ohne Teiggehzeit
Backzeit: etwa 15 Minuten

ZUTATEN FÜR 20 STÜCKE

FÜR DEN HEFETEIG:

200 ml Milch (3,5 % Fett)
50 g Butter
375 g Weizenmehl
1 Pck. Trockenbackhefe
50 g Zucker
1 Pck. Vanillin-Zucker
1 Prise Salz
1 Ei (Größe M)

FÜR DEN BELAG:

100 g kalte Butter
75 g Zucker
1 Pck. Vanillin-Zucker
100 g gehobelte Mandeln

PRO STÜCK:

E: 4 g, F: 10 g, Kh: 22 g, kcal: 195

1. Für den Teig Milch in einem kleinen Topf erwärmen und Butter darin zerlassen.

2. Mehl in einer Rührschüssel mit Trockenbackhefe sorgfältig vermischen. Übrige Teigzutaten und die warme Milch-Butter-Mischung hinzufügen und alles mit einem Mixer (Knethaken) kurz auf niedrigster, dann auf höchster Stufe in etwa 5 Minuten zu einem glatten Teig verarbeiten. Den Teig zugedeckt so lange an einem warmen Ort gehen lassen, bis er sich sichtbar vergrößert hat.

3. Den Backofen vorheizen.
Ober-/Unterhitze: etwa 200 °C
Heißluft: etwa 180 °C

4. Den Teig leicht mit Mehl bestäuben, aus der Schüssel nehmen und auf der leicht bemehlten Arbeitsfläche nochmals kurz durchkneten. Den Teig auf einem Backblech (30 x 40 cm, gefettet) ausrollen.

5. Für den Belag mit einem Kochlöffelstiel leichte Vertiefungen in den Teig drücken und Butter in Flöckchen gleichmäßig auf den Teig setzen. Zucker mit Vanillin-Zucker mischen, daraufstreuen und die Mandeln gleichmäßig darauf verteilen.

6. Den Teig nochmals so lange an einem warmen Ort gehen lassen, bis er sich sichtbar vergrößert hat.

7. Das Backblech in den vorgeheizten Backofen schieben. Den Kuchen **etwa 15 Minuten backen.**

8. Das Backblech auf einen Kuchenrost stellen und den Kuchen darauf erkalten lassen.

REZEPTVARIANTEN:

Für einen **Butterkuchen mit Nusskruste** 100 g grob gehackte Haselnuss- oder Walnusskerne auf dem Hefeteig verteilen. Dann erst Butterflöckchen und Zucker darauf verteilen. Zuletzt träufeln Sie 8 Esslöffel Schlagsahne auf den Teig. Den Teig dann nochmals so lange an einem warmen Ort gehen lassen, bis er sich sichtbar vergrößert hat und wie im Rezept angegeben backen.
Für einen **Butterkuchen mit Äpfeln** schälen, vierteln und entkernen Sie 1 ½ kg Äpfel (z. B. Elstar). Die Äpfel klein schneiden, mit 4 Esslöffeln Zitronensaft, 2 Esslöffeln Wasser, 75 g Zucker und 1 Päckchen Bourbon-Vanille-Zucker zum Kochen bringen, bei schwacher Hitze etwa 15 Minuten dünsten. Die Apfelmasse etwas abkühlen lassen, dann auf dem ausgerollten Teig verteilen. Nach Wunsch noch 100 g Butterflöckchen darauf verteilen. 50 g Zucker mit 1–2 Teelöffeln gemahlenem Zimt mischen und daraufstreuen. Den Teig nochmals so lange an einem warmen Ort gehen lassen, bis er sich sichtbar vergrößert hat. Dann den Kuchen wie im Rezept angegeben etwa 25 Minuten backen.

BUTTERMILCHBROT IM KOCHTOPF

Zubereitungszeit: 15 Minuten
Backzeit: etwa 60 Minuten

ZUTATEN FÜR 1 RUNDES BROT

FÜR DEN TEIG:

300 g Weizenmehl
200 g Weizenvollkornmehl
1 ½ gestr. TL Salz
½ gestr. TL Natron
350 g Buttermilch

INSGESAMT:

E: 67 g, F: 10 g, Kh: 365 g, kcal: 1845

1. Den Backofen vorheizen.
Ober-/Unterhitze: etwa 220 °C
Heißluft: etwa 200 °C

2. Stellen Sie einen Kochtopf (Ø etwa 24 cm, mit ofenfesten Griffen) auf eine Kochstelle und streuen Sie etwas Mehl hinein. Dann den Topf mit einem Deckel verschließen und bei schwacher Hitze erwärmen.

3. Für den Teig in einer Rührschüssel beide Mehlsorten, Salz und Natron gründlich vermischen. Buttermilch hinzugießen und mit einem Mixer (Knethaken) zu einem glatten Teig verkneten (etwa 2 Minuten).

4. Den Teig auf eine leicht mit Mehl bestäubte Arbeitsfläche geben und mit den Händen nochmals verkneten (etwa 2 Minuten). Teig zu einer Kugel formen und mit einem sehr scharfen Messer kreuzweise einschneiden (etwa 2 cm tief).

5. Die Teigkugel in den vorgewärmten Topf legen und den Topf mit dem Deckel verschließen.

6. Die Backofentemperatur um etwa 20 °C auf Ober-/Unterhitze: etwa 200 °C, Heißluft: etwa 180 °C herunterschalten. Den Topf auf dem Rost (unteres Drittel) in den vorgeheizten Backofen schieben. Das Buttermilchbrot im Kochtopf **etwa 60 Minuten backen.**

7. Das noch heiße Brot vorsichtig aus dem Topf stürzen und auf einem Kuchenrost erkalten lassen.

TIPPS:

Haben Sie keinen ofenfesten Topf zur Hand, können Sie das Brot auch in einer Springform (Ø 24 cm) backen. Decken Sie dann die Form mit Alufolie zu. Das Brot schmeckt durch die enthaltene Buttermilch säuerlich-frisch. Dazu passt fruchtige Konfitüre und Quarkaufstrich. Oder bestreichen Sie die Brotscheiben dünn mit Sahnemeerrettich. Belegen Sie sie dann mit feinem Räucherlachs, geräuchertem Forellenfilet oder Knochenschinken. Möchten Sie das Brot abwandeln, geben Sie 1–2 Esslöffel getrocknete Dillspitzen (lecker zu Fisch) oder nach Geschmack einige Kümmel- oder Koriandersamen mit in den Teig.

CAFÉ-FRAPPÉ-TORTE

Zubereitungszeit: 35 Minuten, ohne Kühlzeit

ZUTATEN FÜR 12 STÜCKE

FÜR DEN TORTENBODEN:

3 Pck. (je 75 g) längliche Eiswaffeln
125 g Butter

FÜR DEN BELAG:

8 Blatt weiße Gelatine
140 g Zucker
6 Pck. (je 2 g) lösliches Kaffeepulver
400 ml kochendes Wasser
400 g Schlagsahne (mind. 30 % Fett)
1 Pck. Sahnesteif
1 TL Zucker

ZUM VERZIEREN:

125 g Schlagsahne (mind. 30 % Fett)
1 Pck. Sahnesteif

ZUM BESTREUEN UND BESTÄUBEN:

evtl. 2 EL schokolierte Espressobohnen, grob gehackt
etwas Kaffeepulver

PRO STÜCK:

E: 3 g, F: 26 g, Kh: 29 g, kcal: 366

1. Für den Boden Eiswaffeln (5 Waffeln zum Garnieren beiseitelegen) in einem Blitzhacker zerbröseln und in eine Rührschüssel geben. Butter zerlassen, zu den Waffelbröseln geben und gut verrühren.

2. Einen Tortenring (Ø 23 cm) auf eine mit Backpapier oder Tortenspitze belegte Tortenplatte stellen. Die Bröselmasse hineingeben und mit einem Löffel gleichmäßig zu einem Boden andrücken. Tortenboden in den Kühlschrank stellen.

3. Für den Belag Gelatine nach Packungsanleitung einweichen. Zucker und Kaffeepulver in eine Rührschüssel geben. Kochendes Wasser hinzugießen und so lange rühren, bis Zucker und Kaffeepulver sich gelöst haben. Gelatine leicht ausdrücken und in der Kaffeeflüssigkeit unter Rühren auflösen, abkühlen lassen und in den Kühlschrank stellen.

4. Sahne mit einem Mixer (Rührstäbe) mit Sahnesteif und Zucker steif schlagen. Wenn die Kaffeeflüssigkeit anfängt zu gelieren, ein Drittel der Sahne unterheben.

5. Gut ein Drittel der Kaffeesahne auf den Waffelboden geben und glatt streichen. Restliche Sahne unter die restliche Kaffeesahne heben, ebenfalls vorsichtig in die Form auf die dunklere Kaffeesahne, geben und leicht kuppelartig verstreichen. Die Torte etwa 2 Stunden in den Kühlschrank stellen.

6. Den Tortenring lösen und entfernen. Zum Verzieren Sahne mit dem Mixer (Rührstäbe) mit Sahnesteif steif schlagen. Die Tortenoberfläche damit verzieren. Beiseitegelegte Eiswaffeln evtl. halbieren und dekorativ auf die Torte legen. Nach Belieben mit den gehackten Espressobohnen bestreuen und mit Kaffeepulver bestäuben.

TIPPS:

Statt lösliches Kaffeepulver 400 ml Espresso-Kaffee verwenden. Unter den Kaffee 2 Esslöffel Kaffee- oder Sahnelikör rühren.

CHILI-BANANEN-BROWNIES

Zubereitungszeit: 60 Minuten, ohne Kühlzeit
Backzeit: etwa 20 Minuten
Haltbarkeit: etwa 8 Tage in gut schließenden Dosen

ZUTATEN FÜR 30 STÜCK

ZUM VORBEREITEN:

180 g Bananenchips
200 g Zartbitter-Kuvertüre (mind. 50 % Kakaoanteil)
200 g Butter oder Margarine

FÜR DEN TEIG:

4 Eier (Größe M), 100 g Zucker
80 g Weizenmehl
60 g Semmelbrösel
80 g gem. Mandeln
1 gestr. TL Chiliflocken
2 gestr. TL Backpulver

FÜR DEN GUSS:

280 g weiße Schokolade
80 g Schlagsahne (mind. 30 % Fett)
20 g Kokosfett

70 g Bananenchips
1 Msp. Chiliflocken

PRO STÜCK:

E: 3 g, F: 17 g, Kh: 22 g, kcal: 249

1. Zum Vorbereiten die Bananenchips in einen Gefrierbeutel geben. Den Beutel fest verschließen, die Chips mit einer Teigrolle zerbröseln und beiseitestellen. Die Kuvertüre in Stücke hacken und mit der Butter in einem Topf im heißen Wasserbad bei schwacher Hitze unter Rühren schmelzen.

2. Den Backofen vorheizen.
Ober-/Unterhitze: etwa 190 °C
Heißluft: etwa 170 °C

3. Für den Teig Eier mit Zucker in einer Rührschüssel mit einem Mixer (Rührstäbe) zunächst kurz auf niedrigster, dann auf höchster Stufe dickschaumig aufschlagen. Die warme Kuvertüre-Butter-Masse hinzugeben und unterrühren.

4. Mehl mit Semmelbröseln, Mandeln, Chiliflocken, Backpulver und Bananenchips gut mischen. Die Mischung mit einem Teigschaber unter die Eier-Butter-Masse heben.

5. Einen Backrahmen (30 x 25 cm) auf ein Backblech (30 x 40 cm, gefettet, mit Backpapier belegt) stellen. Den Teig in den Backrahmen geben und glatt streichen. Das Backblech in den vorgeheizten Backofen schieben. Den Browniekuchen **etwa 20 Minuten backen.**

6. Das Backblech auf einen Kuchenrost stellen. Den Browniekuchen erkalten lassen.

7. Für den Guss Schokolade in Stücke brechen. Die Sahne unter Rühren in einem Topf aufkochen. Den Topf von der Kochstelle nehmen, die Schokolade und das Kokosfett darin unter Rühren auflösen.

8. Den Guss warm auf den Browniekuchen geben, glatt streichen und mit Bananenchips und Chiliflocken bestreuen. Den Browniekuchen zugedeckt etwa 1 Stunde kalt stellen.

9. Den Backrahmen vorsichtig lösen und entfernen. Den Browniekuchen in Stücke (je 5 x 5 cm) schneiden.

TIPP:

Die Chili-Bananen-Brownies zur Aufbewahrung nicht stapeln, da sie etwas krümeln.

CRAZY CAKE (GRILLKUCHEN)

Zubereitungszeit: 50 Minuten
Backzeit: 2–3 Minuten pro Teigschicht

ZUTATEN FÜR 8 STANGEN

FÜR DEN RÜHRTEIG:

125 g Marzipan-Rohmasse
200 g Butter oder Margarine (zimmerwarm)
100 g Puderzucker
1 Pck. Vanillin-Zucker
2 Eier (Größe M)
4 Eigelb (Größe M)
125 g Weizenmehl
75 g Speisestärke
2 gestr. TL Backpulver
4 Eiweiß (Größe M)
1 Prise Salz
1 TL Zucker

FÜR DEN ORANGENTEIG:

abger. Schale von ½ Bio-Orange (unbehandelt, ungewachst)
2 EL Orangensaft
gelbe Speisefarbe

FÜR DEN ZITRONENTEIG:

abger. Schale von 1 Bio-Zitrone (unbehandelt, ungewachst)
1 EL Zitronensaft
blaue Speisefarbe

ZUM BESTREICHEN:

50 g Zitronengelee

FÜR DEN GUSS:

etwa 100 g weiße Schokolade
1 TL Speiseöl
etwa 100 g Zartbitter-Schokolade
½ TL Speiseöl

PRO STÜCK:

E: 11 g, F: 39 g, Kh: 59 g, kcal: 635

1. Für den Rührteig Marzipan in Stücke schneiden und in eine Rührschüssel geben. Butter oder Margarine hinzufügen und mit einem Mixer (Rührstäbe) auf höchster Stufe geschmeidig rühren. Nach und nach Puderzucker und Vanillin-Zucker unterrühren. So lange rühren, bis eine gebundene Masse entstanden ist.

2. Eier und Eigelb nach und nach unterrühren (jedes Ei/Eigelb etwa ½ Minute). Mehl mit Speisestärke und Backpulver mischen, in 2 Portionen kurz auf mittlerer Stufe unterrühren. Eiweiß mit Salz mit dem Mixer (Rührstäbe) steif schlagen, Zucker unterschlagen. Eischnee vorsichtig unter den Teig heben.

3. Den Backofengrill vorheizen. Einen Backrahmen (30 x 17 cm) auf ein Backblech (30 x 40 cm, gefettet, mit Backpapier belegt) stellen.

4. Den Teig halbieren. Für den Orangenteig (gelb) Orangenschale, Orangensaft und Speisefarbe verrühren, unter eine Teighälfte rühren. Für den Zitronenteig (blau) Zitronenschale, Zitronensaft und Speisefarbe verrühren, unter die zweite Teighälfte rühren.

5. Etwa 5 Esslöffel von dem Orangenteig (gelb) mit einem breiten Backpinsel gleichmäßig auf dem Backblech verstreichen. Das Backblech unter den vorgeheizten Backofengrill schieben (Abstand zwischen Grill und Teigschicht etwa 20 cm). Die Teigschicht **in 2–3 Minuten hellbraun backen.**

6. Das Backblech aus dem Backofen nehmen und als zweite Schicht etwa 5 Esslöffel von dem Zitronenteig (blau) auf die gebackene Schicht streichen. Das Backblech wieder unter den Grill schieben und auf diese Weise im Wechsel den ganzen Teig verarbeiten.

7. Nach dem Backen den Backrahmen lösen und entfernen. Kuchen mit dem Backpapier vom Backblech auf einen Kuchenrost ziehen, erkalten lassen.

8. Den Grillkuchen in 8 Stangen (etwa 3 cm dick) schneiden und mit Zitronengelee bestreichen.

9. Für den Guss jeweils die weiße und dunkle Schokolade in Stücke brechen, getrennt in je einem kleinen Topf mit dem angegebenen Speiseöl im heißen Wasserbad bei schwacher Hitze unter Rühren schmelzen. Jeweils 4 Stangen mit der weißen und dunklen Schokolade bestreichen und fest werden lassen.

TIPP:

Beim Backen die Einschubhöhe nach Möglichkeit so verändern, dass der Abstand von etwa 20 cm zwischen Grill und Teigschicht bestehen bleibt.

DINKEL-KRÄUTER-BRÖTCHEN

Zubereitungszeit: 10 Minuten
Backzeit: etwa 30 Minuten

ZUTATEN FÜR 12 BRÖTCHEN

FÜR DEN TEIG:

200 g Dinkelmehl (Type 630)
200 g Dinkelvollkornmehl
1 Pck. Backpulver
1–2 gestr. TL Salz
200 g Kräuterquark (40 % Fett)
200 g Buttermilch
50 g TK-8-Kräuter, z. B. Petersilie, Dill, Kresse, Schnittlauch, Sauerampfer, Borretsch, Pimpernelle und Kerbel

ZUM BESTREICHEN:

2–3 EL Milch

PRO STÜCK:

E: 6 g, F: 2 g, Kh: 25 g, kcal: 145

1. Den Backofen vorheizen.
Ober-/Unterhitze: etwa 180 °C
Heißluft: etwa 160 °C

2. Beide Mehlsorten in eine Rührschüssel geben, mit Backpulver und Salz mischen. Kräuterquark, Buttermilch und gefrorene Kräuter hinzugeben. Die Zutaten mit einem Mixer (Knethaken) zu einem glatten Teig verkneten.

3. Den Teig auf der leicht mit Mehl bestäubten Arbeitsfläche mit den Händen kurz verkneten, zu einer Rolle formen und in 12 gleich große Stücke teilen. Aus jedem Teigstück ein ovales oder rundes Brötchen formen.

4. Die Brötchen auf ein Backblech (30 x 40 cm, mit Backpapier belegt) legen und mit Milch bestreichen. Anschließend leicht mit Mehl bestäuben. Die Oberfläche der Brötchen mit einem sehr scharfen Messer einschneiden (etwa 1 cm tief).

5. Das Backblech in den vorgeheizten Backofen schieben. Die Brötchen **etwa 30 Minuten backen.**

6. Brötchen auf einen Kuchenrost legen und erkalten lassen.

TIPPS:

Zu diesen Brötchen schmecken am besten herzhafte Beläge. Auch zu Kräuterrührei schmecken sie lecker. Wenn Sie die 8-Kräuter-Mischung nicht bekommen, können Sie auch TK-Petersilie und -Schnittlauch mischen oder frische, gehackte Kräuter nehmen.

DREIKORNBROT

- Zubereitungszeit: 50 Minuten
  Ruhe-/Gehzeit: 2 Tage, 4 Stunden und 30 Minuten
  Backzeit: etwa 60 Minuten
  Vorbereitungszeit erforderlich: 2 Tage
  Gelingt am besten mit der Küchenmaschine

ZUTATEN FÜR 2 RUNDE BROTE

FÜR DEN SAUERTEIGANSATZ:

150 ml lauwarmes Wasser
5 g frische Hefe
60 g Roggenmehl (Type 610)

FÜR DIE GETREIDEMISCHUNG:

750 ml Wasser
200 g Weizenkörner
150 g Roggenkörner

FÜR DEN VORTEIG:

150 ml lauwarmes Wasser
½ Pck. (21 g) frische Hefe
150 g Weizenmehl (Type 1050)

FÜR DEN TEIG:

750 g Weizenmehl (Type 1050)
500 g Weizenvollkornschrot (mittelfein gem.)
250 g Roggenmehl (Type 610)
80 g Sonnenblumenkerne
2 gestr. EL Salz
550 ml lauwarmes Wasser

FÜR DIE ARBEITSFLÄCHE:

etwa 100 g Weizenmehl (Type 1050)

etwas Weizenmehl zum Bestäuben

PRO BROT:

E: 134 g, F: 30 g, Kh: 734 g, kcal: 3719

1. Für den Sauerteigansatz zwei Tage vor dem geplanten Backen das Wasser in eine kleine Schüssel (kein Metall) geben, Hefe unter Rühren darin auflösen. Mehl hinzugeben und die Zutaten zu einem glatten Teig verrühren. Die Schüssel mit Frischhaltefolie verschließen, den Sauerteigansatz bei Zimmertemperatur 2 Tage stehen lassen. In dieser Zeit soll der Ansatz nicht gerührt werden, damit sich deutlich sichtbare Bläschen bilden können.

2. Für die Getreidemischung einen Tag vor dem geplanten Backen das Wasser in einen Topf geben. Weizen- und Roggenkörner darin zugedeckt zum Kochen bringen. Den Topf von der Kochstelle nehmen. Körner im Kochwasser erkalten und etwa 24 Stunden quellen lassen.

3. Am Tag des Backens: Die Körner in ein Sieb abgießen und gut abtropfen lassen.

4. Für den Vorteig das Wasser in die Rührschüssel einer Küchenmaschine geben. Hefe darin unter Rühren auflösen. Mehl hinzugeben und zu einem weichen Vorteig verrühren. Dann für den Teig Weizenmehl, Vollkornschrot und Roggenmehl daraufgeben (nicht verrühren). Sonnenblumenkerne und Salz daraufstreuen. Die Schüssel mit Frischhaltefolie verschließen, den Teig an einem warmen Ort gehen lassen, bis sich deutliche Risse im Mehl zeigen (etwa 90 Minuten).

5. Die eingeweichten Körner auf die Mehlschicht geben.

6. Den Sauerteigansatz mit Wasser verrühren und hinzugeben. Mit der Küchenmaschine (Knethaken) zu einem glatten Teig verkneten (etwa 1 Minute). Den Teig auf eine mit Mehl bestreute Arbeitsfläche legen und mit den Händen kneten, bis er elastisch ist (etwa 3 Minuten), zu einer Kugel formen und auf ein Backblech (mit Backpapier belegt) legen. Anschließend die Teigkugel mit Frischhaltefolie zudecken, an einem warmen Ort gehen lassen, bis sie sich sichtbar vergrößert hat (etwa 1 Stunde).

7. Den Teig ohne weiteres Kneten vorsichtig halbieren und 2 Laibe formen. 2 Gärkörbe (Ø etwa 26 cm; ersatzweise 2 Schüsseln mit einem Geschirrtuch auslegen) mit Mehl ausstreuen. Brotlaibe hineinlegen, zudecken und an einem warmen Ort so lange gehen lassen, bis sie sich sichtbar vergrößert haben (etwa 2 Stunden).

8. Den Backofen vorheizen.
Ober-/Unterhitze: etwa 200 °C
Heißluft: nicht empfehlenswert

9. Zunächst einen Brotlaib auf ein Backblech (gefettet, mit Backpapier belegt) stürzen und mit Mehl bestäuben. Das Backblech in den vorgeheizten Backofen schieben. Das Brot **etwa 60 Minuten backen.** (Der 2. Brotlaib bleibt bis zum Backen zugedeckt an einem warmen Ort stehen.)

10. Das Brot nach dem Backen sofort mit kaltem Wasser bestreichen. Dann auf einen Kuchenrost legen und erkalten lassen. Den zweiten Brotlaib auf das Blech stürzen und ebenso backen.

ERDBEERKUCHEN MIT MINZEPESTO

Zubereitungszeit: 45 Minuten, ohne Kühlzeit
Backzeit: 15–20 Minuten

ZUTATEN FÜR 12 STÜCKE

FÜR DEN KNETTEIG:

200 g Weizenmehl
100 g Butter oder Margarine (zimmerwarm)
80 g Puderzucker
1 Eiweiß (Größe M)

FÜR DEN BELAG:

150 g Speisequark (20 % Fett)
25 g Zucker
1 Pck. Vanillin-Zucker
1 Eigelb (Größe M)
1 gestr. TL Speisestärke

FÜR DAS MINZEPESTO:

30 g gehackte Mandeln
50 g flüssiger Honig
2 EL Traubenkernöl
1 EL Limettensaft
2 geh. EL grob gehackte Pfefferminzeblättchen
1 kg Erdbeeren

FÜR DEN GUSS:

50 ml Limettensaft
400 ml klarer Apfel- oder weißen Traubensaft
50 g Zucker
2 Pck. ungezuckerter Tortenguss, klar

ZUM VERZIEREN:

200 g Schlagsahne (mind. 30 % Fett)
1 Pck. Sahnesteif
25 g Zucker
1 Pck. Vanillin-Zucker
250 g Speisequark (20 % Fett)

PRO STÜCK:

E: 8 g, F: 18 g, Kh: 46 g, kcal: 383

1. Für den Teig Mehl in eine Rührschüssel geben. Übrige Zutaten hinzufügen und mit einem Mixer (Rührstäbe) zunächst kurz auf niedrigster, dann auf höchster Stufe gut durcharbeiten. Anschließend auf einer bemehlten Arbeitsfläche zu einem glatten Teig verkneten. Den Teig in Frischhaltefolie gewickelt etwa 30 Minuten in den Kühlschrank stellen.

2. Den Backofen vorheizen.
Ober-/Unterhitze: etwa 180 °C
Heißluft: etwa 160 °C

3. Den Teig halbieren. Die Teighälften jeweils auf der bemehlten Arbeitsfläche zu einem Rechteck (etwa 30 x 14 cm) ausrollen und auf ein Backblech (30 x 40 cm, mit Backpapier belegt) legen. Jeweils die Längsseiten (etwa 30 cm) der einzelnen Teigplatten etwa 1 cm hochstellen. Die Teigböden mehrmals mit einer Gabel einstechen.

4. Für den Belag Quark mit den übrigen Zutaten gut verrühren. Die Teigböden jeweils mit der Hälfte der Quarkmasse bestreichen. Die hochstehenden Teigkanten auf die Quarkmasse legen und mit einem Gabelrücken leicht andrücken. Das Backblech in den vorgeheizten Backofen schieben. Die Gebäckböden **15–20 Minuten backen.**

5. Das Backblech auf einen Kuchenrost stellen. Die Gebäckböden erkalten lassen.

6. Für das Pesto Mandeln, Honig, Traubenkernöl, Limettensaft und Minze in einen hohen Rührbecher geben und mit einem Pürierstab pürieren, sodass ein Pesto entsteht. Jeweils 2 Teelöffel des Pestos auf die Gebäckböden streichen. Erdbeeren putzen, abspülen, abtropfen lassen, entstielen und halbieren. Die bestrichenen Gebäckböden mit den Erdbeerhälften belegen.

7. Für den Guss aus den angegebenen Zutaten einen Guss nach Packungsanleitung zubereiten und auf den Erdbeerhälften verteilen. Dann den Erdbeerkuchen etwa 30 Minuten in den Kühlschrank stellen.

8. Zum Verzieren Sahne mit dem Mixer (Rührstäbe) mit Sahnesteif, Zucker und Vanillin-Zucker steif schlagen. Quark unterrühren. Quark-Sahne-Masse in einen Spritzbeutel mit Sterntülle (Ø 7 mm) füllen. Erdbeerkuchen damit verzieren, mit etwas von dem restlichen Pesto beträufeln.

TIPPS:

Für den Guss können Sie auch nur einen Fruchtsaft, z. B. klaren Apfelsaft, und Erdbeer-Tortenguss verwenden. Hübsch sieht es aus, wenn der Kuchen mit abgespülten und trocken getupften Minzeblättchen garniert wird. Restliches Pesto dazureichen.

ERDBEER-PANNACOTTA-SCHNITTEN

Zubereitungszeit: 35 Minuten, ohne Kühlzeit
Backzeit: etwa 15 Minuten

ZUTATEN FÜR 20 STÜCKE

FÜR DEN TEIG:

100 g Löffelbiskuits
4 Eier (Größe M)
2 EL heißes Wasser
70 g Zucker
1 Pck. Vanillin-Zucker
75 g Weizenmehl
1 gestr. TL Backpulver

FÜR DEN BELAG:

700 g Erdbeeren
400 g Schlagsahne
(mind. 30 % Fett)
60 g Puderzucker
7 Blatt weiße Gelatine
2 EL Zitronensaft

ZUM BESTÄUBEN:

etwas Puderzucker

PRO STÜCK:

E: 4 g, F: 8 g, Kh: 17 g, kcal: 159

1. Für den Teig Löffelbiskuits in einen Gefrierbeutel füllen. Beutel verschließen. Löffelbiskuits mit einer Teigrolle fein zerbröseln.

2. Den Backofen vorheizen.
Ober-/Unterhitze: etwa 180 °C
Heißluft: etwa 160 °C

3. Eier und Wasser in einer Rührschüssel mit einem Mixer (Rührstäbe) auf höchster Stufe in 1 Minute schaumig schlagen. Zucker mit Vanillin-Zucker mischen, in 1 Minute unter Rühren einstreuen, dann noch etwa 2 Minuten schlagen. Mehl mit Backpulver mischen, kurz auf niedrigster Stufe unterrühren. Biskuitbrösel unterheben.

4. Den Teig auf ein Backblech (30 x 40 cm, mit Backpapier belegt) geben und glatt streichen. Das Backblech in den vorgeheizten Backofen schieben. Die Biskuitplatte **etwa 15 Minuten backen.**

5. Die Biskuitplatte vom Backblechrand lösen und auf mit Zucker bestreutes Backpapier stürzen. Biskuitplatte erkalten lassen. Mitgebackenes Backpapier vorsichtig abziehen.

6. Die Biskuitplatte senkrecht halbieren, sodass 2 Platten (etwa 30 x 20 cm) entstehen. Eine Biskuitplatte auf eine Tortenplatte legen. Einen Backrahmen darumstellen.

7. Für den Belag Erdbeeren putzen, abspülen, abtropfen lassen, entstielen und halbieren. 400 g der Erdbeeren mit Sahne und Puderzucker in einem Topf zum Kochen bringen, bei mittlerer Hitze 2–3 Minuten kochen lassen. Restliche Erdbeeren kalt stellen.

8. Gelatine nach Packungsanleitung einweichen. Die Erdbeer-Sahne-Masse pürieren. Gelatine ausdrücken und unter Rühren darin auflösen. Zitronensaft unterrühren. Die Püreemasse in den Kühlschrank stellen, erkalten und leicht gelieren lassen. Dabei zwischendurch mehrmals umrühren. Die kalt gestellten Erdbeerhälften mit der Schnittfläche nach unten auf die Biskuitplatte legen.

9. Wenn das Erdbeer-Sahne-Püree anfängt zu gelieren, auf den Erdbeerhälften im Backrahmen verteilen und glatt streichen. Die zweite Biskuitplatte darauflegen. Den Kuchen etwa 3 Stunden in den Kühlschrank stellen.

10. Den Backrahmen lösen und entfernen. Den Kuchen mit Puderzucker bestäuben und in Schnitten teilen.

ERNTEDANK-BIRNENKUCHEN

- Zubereitungszeit: 25 Minuten
  Backzeit: 40–45 Minuten
- ▲ Mit Alkohol

ZUTATEN FÜR 24 STÜCKE

FÜR DEN TEIG:

450 g Weizenmehl
1 Pck. Backpulver
200 g Magerquark
125 ml Milch (3,5 % Fett)
125 ml Sonnenblumenöl
100 g Zucker
1 Pck. Vanillin-Zucker
1 Ei (Größe M)
1 Prise Salz

FÜR DEN BELAG:

200 g Marzipan-Rohmasse
75 g Butter (zimmerwarm)
1 TL Bio-Zitronenschale (unbehandelt, ungewachst)
4–5 EL Mandellikör oder Saft von den abgetropften Birnen
20 g Puderzucker
920 g abgetropfte Birnenhälften (aus der Dose, etwa 15 Aprikosenhälften)
200 g Brombeerkonfitüre
100 g gehobelte Haselnusskerne

PRO STÜCK:

E: 5 g, F: 13 g, Kh: 36 g, kcal: 288

1. Den Backofen vorheizen.
Ober-/Unterhitze: etwa 180 °C
Heißluft: etwa 160 °C

2. Für den Teig Mehl mit Backpulver in einer Rührschüssel mischen. Restliche Zutaten für den Teig hinzufügen und mit dem Mixer (Knethaken) zunächst kurz auf niedrigster, dann auf höchster Stufe kurz zu einem Teig verkneten.

3. Den Teig auf einer leicht bemehlten Arbeitsfläche mit Händen kurz zu einem Teig verkneten (nicht zu lange kneten, sonst wird der Teig klebrig!). Den Teig dann auf der bemehlten Arbeitsfläche zu einem Rechteck, in Größe des Backblechs, ausrollen. Das Teigrechteck mithilfe der Teigrolle in eine Fettpfanne (30 x 40 cm, mit Backpapier belegt) legen.

4. Für den Belag Marzipan klein schneiden, mit Butter, Zitronenschale, Likör oder Birnensaft und Puderzucker in einem hohen Rührbecher mit dem Mixer (Rührstäbe) glatt verrühren. Marzipancreme in Klecksen auf dem Teig verteilen. Birnenhälften nach Belieben grob zerteilen und auf den Teig legen. Die Konfitüre in Klecksen dazwischensetzen. Mit Haselnusskernen bestreuen.

5. Das Backblech in den vorgeheizten Backofen schieben. Den Kuchen **in 40–45 Minuten goldbraun backen.**

6. Das Backblech auf einen Kuchenrost stellen. Den Kuchen abkühlen lassen.

TIPP:

Der Birnenkuchen schmeckt noch leicht warm, zum Beispiel mit einer Vanillesahne serviert, besonderes köstlich.

ERNTEDANK-SCHNITTEN

Zubereitungszeit: 40 Minuten, ohne Kühlzeit
Backzeit: etwa 25 Minuten

ZUTATEN FÜR 12 STÜCKE

300 g mehligkochende Kartoffeln (netto etwa 250 g)
½ Bio-Zitrone (unbehandelt, ungewachst)
4 Eier (Größe M)
125 g Zucker
60 g gem. Haselnusskerne
20 g Weichweizengrieß
25 g kernige Haferflocken
30 g gehackte Haselnusskerne

FÜR DIE APFEL-SCHMAND-SAHNE:

250 g stückig gekochtes Apfelkompott (selbst gemacht oder aus dem Glas)
250 g Schlagsahne (mind. 30 % Fett)
2 Pck. Sahnesteif
2 Pck. Vanillin-Zucker
200 g stichfester Schmand (Sauerrahm)

3 EL Johannisbeergelee
100 g (etwa 12 Stück) Marzipan-Kartoffeln
½ gestr. TL Kakaopulver, stark entölt

PRO STÜCK:

E: 6 g, F: 19 g, Kh: 32 g, kcal: 323

1. Kartoffeln schälen, abspülen, abtropfen lassen und mit Wasser bedeckt in einem Topf zum Kochen bringen, 1 Prise Salz hinzufügen. Kartoffeln zugedeckt in 20–25 Minuten weich garen.

2. Gegarte Kartoffeln abgießen und etwas abdämpfen. Die noch heißen Kartoffeln durch ein feines Sieb streichen oder durch eine Kartoffelpresse drücken, abkühlen lassen und 150 g abwiegen.

3. Den Backofen vorheizen.
Ober-/Unterhitze: etwa 180 °C
Heißluft: etwa 160 °C

4. Zitrone heiß abwaschen, abtrocknen und die Schale fein abreiben. Von der Zitronenhälfte den Saft auspressen. Eier trennen.

5. Eiweiß mit einem Mixer (Rührstäbe) steif schlagen. 50 g Zucker, 1 Prise Salz und den Zitronensaft dabei nach und nach unterschlagen. Eigelb, Zitronenschale und den restlichen Zucker mit dem Mixer (Rührstäbe) auf höchster Stufe hellcremig aufschlagen. Die Kartoffelmasse kurz gut untermischen. Haselnusskerne, Grieß und Haferflocken mischen und kurz unterrühren. Eischnee in 2 Portionen unterheben.

6. Den Teig in eine eckige Springform (24 x 24 cm, gefettet, mit Backpapier belegt) geben und glatt streichen. Gehackte Haselnusskerne daraufstreuen. Die Form auf dem Rost in den vorgeheizten Backofen schieben. Den Boden **in etwa 25 Minuten goldbraun backen.**

7. Die Form auf einen Kuchenrost stellen. Den Gebäckboden in der Form erkalten lassen.

8. Für den Belag Apfelkompott evtl. abtropfen lassen. Sahne mit dem Mixer (Rührstäbe) mit Sahnesteif und Vanillin-Zucker steif schlagen. Schmand glatt rühren und unterheben. 3–4 Esslöffel der Schmand-Sahne-Masse in einen Spritzbeutel mit Sterntülle (Ø etwa 8 cm) füllen.

9. Den Gebäckboden aus der Form lösen und auf eine Tortenplatte setzen. Gelee leicht erwärmen und daraufstreichen, dabei rundherum einen kleinen Rand frei lassen. Schmand-Sahne-Masse auf dem Gebäckboden verstreichen. Die Schmand-Sahne-Masse aus dem Spritzbeutel als Rand rundherum aufspritzen. Apfelkompott kurz vor dem Servieren auf dem Gebäckboden verteilen. Marzipan-Kartoffeln nach Belieben halbieren. Den Kuchen damit garnieren. Mit Kakao bestäuben und in Stücke schneiden.

FLOCKENTORTE MIT AMARENAKIRSCHEN

◷ Zubereitungszeit: 40 Minuten, ohne Kühlzeit
Backzeit: etwa 20 Minuten je Boden
▲ Mit Alkohol

ZUTATEN FÜR 12 STÜCKE

ZUM VORBEREITEN:

130 g abgetropfte Amarenakirschen (aus dem Glas)

FÜR DEN BRANDTEIG:

125 ml Wasser
50 g Butter oder Margarine
75 g Weizenmehl
25 g Speisestärke
2–3 Eier (Größe M)

FÜR DIE FÜLLUNG:

2–3 Orangen
500 g Ricotta (ital. Frischkäse)
250 g Mascarpone (ital. Frischkäse)
2 Pck. Sahnesteif
120 g Zucker
1 Pck. Vanillin-Zucker
3 EL Kirschsaft (aus dem Glas)
100 ml Orangensaft (von den Orangen)

1 Bio-Orange (unbehandelt, ungewachst)
1 EL Kirschsaft (aus dem Glas)

PRO STÜCK:

E: 7 g, F: 21 g, Kh: 27 g, kcal: 326

1. Zum Vorbereiten Kirschen in einem Sieb abtropfen lassen und den Saft dabei auffangen.

2. Den Backofen vorheizen.
Ober-/Unterhitze: etwa 200 °C
Heißluft: etwa 180 °C

3. Für den Teig Wasser mit Butter oder Margarine und 1 Prise Salz am besten in einem Stieltopf zum Kochen bringen. Mehl mit Speisestärke sieben, auf einmal in die von der Kochstelle genommene Flüssigkeit schütten, zu einem glatten Kloß rühren und unter Rühren etwa 1 Minute erhitzen.

4. Den heißen Kloß sofort in eine Rührschüssel geben. Nach und nach Eier mit einem Mixer (Knethaken) auf höchster Stufe unterarbeiten. Die Eiermenge hängt von der Beschaffenheit des Teiges ab, er muss stark glänzen und so von einem Löffel abreißen, dass lange Spitzen hängen bleiben.

5. Aus dem Teig 3 Böden backen. Dazu jeweils ein Drittel des Teiges auf den Boden einer Springform (Ø 26 cm, gefettet, bemehlt) streichen (darauf achten, dass die Teiglage am Rand nicht zu dünn ist, damit der Boden dort nicht zu dunkel wird). Die Böden ohne Springformrand backen. Die Springformböden nacheinander (bei Heißluft 2 Böden zusammen) auf dem Rost in den vorgeheizten Backofen schieben und die Böden jeweils **etwa 20 Minuten backen.**

6. Die Gebäckböden sofort von den Springformböden lösen und einzeln auf je einem Kuchenrost erkalten lassen.

7. Für die Füllung Kirschen (3–4 Kirschen beiseitelegen) in kleine Stücke schneiden. Orangen auspressen und 100 ml Saft abmessen.

8. Ricotta und Mascarpone mit Sahnesteif gut verrühren. Zucker und Vanillin-Zucker unterrühren. Die Masse halbieren.

9. Unter eine Hälfte die Kirschstücke und 3 Esslöffel Kirschsaft rühren. Den unteren Gebäckboden auf eine Tortenplatte legen. Die Kirsch-Ricotta-Creme darauf verteilen und mit dem zweiten Gebäckboden belegen.

10. Restliche Ricottamasse mit dem abgemessenen Orangensaft verrühren. Zwei Drittel davon auf den zweiten Gebäckboden streichen. Den dritten Gebäckboden darauflegen. Restliche Creme daraufgeben und glatt streichen.

11. Orange heiß abwaschen und in dünne Scheiben schneiden. Orangenscheiben vierteln. Die Torte mit den beiseitegelegten Kirschen und Orangenstückchen garnieren und mit 1 Esslöffel Kirschsaft verzieren. Die Torte etwa 1 Stunde kalt stellen.

FRISCHKÄSE-BROMBEER-SCHNITTEN

Zubereitungszeit: 35 Minuten, ohne Kühlzeit
Backzeit: 25–30 Minuten

ZUTATEN FÜR 18 STÜCKE

FÜR DEN TEIG:

400 g Weizenmehl
2 gestr. TL Backpulver
350 g Zucker, 2 Pck. Vanillin-Zucker
2 TL abger. Schale von 1 Bio-Zitrone (unbehandelt, ungewachst)
Salz
3 Eier (Größe M)
250 ml Sonnenblumenöl
250 ml Mineralwasser mit Kohlensäure
2–3 EL Zitronensaft
100 g gestiftelte Mandeln

FÜR DEN BELAG:

300 g gemischte Beeren, z. B. frische Brombeeren oder TK-Waldbeerenmix
150 g Brombeerkonfitüre
400 g Doppelrahm-Frischkäse
5 EL Zitronensaft
40–50 g Zucker
2 Pck. Vanillin-Zucker
600 g Schlagsahne (mind. 30 % Fett)
2 Pck. Gelatine fix

ZUM GARNIEREN:

evtl. 250 g vorbereitete, frische Beeren, z. B. Brom-, Heidel- oder Himbeeren

PRO STÜCK:

E: 9 g, F: 36 g, Kh: 50 g, kcal: 562

1. Den Backofen vorheizen.
Ober-/Unterhitze: etwa 180 °C
Heißluft: etwa 160 °C

2. Für den Teig Mehl und Backpulver mischen. Zucker, Vanillin-Zucker, Zitronenschale und 1 gute Prise Salz untermischen. Eier, Sonnenblumenöl, Mineralwasser und Zitronensaft hinzugeben. Die Zutaten mit einem Mixer (Rührstäbe) zunächst kurz auf niedrigster Stufe, dann auf höchster Stufe in etwa 1 Minute zu einem glatten Teig verarbeiten.

3. Den Teig auf einem Backblech (30 x 40 cm, gefettet, mit Backpapier belegt) glatt streichen. Die Mandeln daraufstreuen. Das Backblech in den vorgeheizten Backofen schieben. Den Gebäckboden **in 25–30 Minuten goldbraun backen.**

4. Das Backblech auf einen Kuchenrost stellen. Den Boden auf dem Backblech erkalten lassen.

5. Für den Belag Beeren verlesen, abspülen, trocken tupfen, mit der Konfitüre in einem Topf unter Rühren zum Kochen bringen und etwa 3 Minuten bei starker Hitze unter Rühren einkochen. Die Beerenmasse durch ein feines Sieb passieren und abkühlen lassen.

6. Den Gebäckboden vom Backblech lösen und die Kanten gerade schneiden. Einen Backrahmen darumstellen.

7. Frischkäse mit Zitronensaft, Zucker und Vanillin-Zucker gut verschlagen. Sahne mit dem Mixer (Rührstäbe) steif schlagen, dabei Gelatine fix nach und nach einrieseln lassen. Die Sahne unter die Frischkäsemasse heben. Die Creme auf dem Gebäckboden glatt verstreichen.

8. Das Fruchtpüree portionsweise in einen Spritzbeutel mit feiner Tülle füllen, swirlartig in die Creme spritzen. Die Oberfläche wieder etwas glätten. Mit Frischhaltefolie belegt etwa 2 Stunden in den Kühlschrank stellen und die Creme fest werden lassen.

9. Den Backrahmen lösen und entfernen. Den Kuchen in Stücke schneiden und nach Belieben mit frischen Beeren garnieren.

FRÜCHTE-BIENENSTICH

Zubereitungszeit: 35 Minuten,
ohne Teiggeh- und Abkühlzeit
Backzeit: etwa 15 Minuten

ZUTATEN FÜR 30 STÜCKE

FÜR DEN HEFETEIG:

300 g Weizenmehl
½ Pck. (21 g) frische Hefe
50 g Zucker
125 g lauwarme Schlagsahne
50 g zerlassene, abgekühlte Butter oder Margarine
1 Pck. Vanille-Zucker
½ Pck. Orangenschalen-Aroma

FÜR DEN BELAG:

150 g Butter
80 g Zucker
40 g flüssiger Honig
100 g Crème fraîche
125 g getrocknete Cranberrys
125 g getrocknete Beerenmischung, ungeschwefelt
200 g gestiftelte Mandeln

PRO STÜCK:

E: 3 g, F: 12 g, Kh: 19 g, kcal: 198

1. Für den Teig Mehl in eine Rührschüssel geben. In die Mitte eine Vertiefung drücken und die Hefe hineinbröckeln. Zucker und etwas Sahne hinzufügen. Mit einem kleinen Teil des Mehls mit einer Gabel vorsichtig verrühren und etwa 10 Minuten gehen lassen.

2. Butter oder Margarine, Vanille-Zucker, Orangenschalen-Aroma und restliche Sahne hinzufügen. Die Zutaten mit einem Mixer (Knethaken) zunächst kurz auf niedrigster, dann auf höchster Stufe in etwa 5 Minuten zu einem glatten Teig verarbeiten. Den Teig mit Mehl bestäuben und zugedeckt so lange an einem warmen Ort gehen lassen, bis er sich sichtbar vergrößert hat (etwa 30 Minuten).

3. In der Zwischenzeit für den Belag Butter, Zucker, Honig und Crème fraîche in einem Topf unter Rühren zerlassen. Die Cranberrys, Beerenmischung und Mandeln unterrühren. Die Masse abkühlen lassen.

4. Den Backofen vorheizen.
Ober-/Unterhitze: etwa 180 °C
Heißluft: etwa 160 °C

5. Den gegangenen Teig leicht mit Mehl bestäuben, aus der Schüssel nehmen, auf einer leicht bemehlten Arbeitsfläche nochmals kurz durchkneten und auf einem Backblech (30 x 40 cm, gefettet) ausrollen.

6. Die Beeren-Mandel-Mischung daraufgeben und verstreichen. Das Backblech in den vorgeheizten Backofen schieben. Den Bienenstich **etwa 15 Minuten backen.**

7. Das Backblech auf einen Kuchenrost stellen. Den Früchte-Bienenstich erkalten lassen und in Stücke schneiden.

TIPPS:

Den Bienenstich in längliche Stücke schneiden. Nach Belieben mit geschmolzener, dunkler Schokolade besprenkeln. Oder die Gebäckenden in die Schokolade tauchen, auf Backpapier legen und die Schokolade fest werden lassen.

HAGEBUTTEN-BIRNEN-TORTE, GEDECKT

Zubereitungszeit: 40 Minuten, ohne Kühlzeit
Backzeit: 75–80 Minuten

ZUTATEN FÜR 16 STÜCKE

FÜR DEN TEIG:

400 g Weizenmehl
½ gestr. TL Backpulver
90 g Zucker
1 Pck. Bourbon-Vanille-Zucker
200 g kalte Butter
1 Ei (Größe M)
1 Eigelb (Größe M)
2–4 EL kaltes Wasser

FÜR DIE FÜLLUNG:

1 kg aromatische, nicht zu weiche Birnen, z. B. Williams Christ
4 EL Zitronensaft
2 Pck. Pudding-Pulver Vanille-Geschmack
40 g Zucker
500 ml Birnensaft oder -nektar
175 g Schlagsahne
125 g honiggesüßtes Hagebuttenmark (aus dem Glas)
1 TL gem. Zimt

ZUM BESTREUEN:

75 g gehackte Haselnusskerne

ZUM BESTÄUBEN:

1 TL Puderzucker

PRO STÜCK:

E: 5 g, F: 18 g, Kh: 47 g, kcal: 377

1. Für den Teig Mehl und Backpulver in einer Rührschüssel mischen. Zucker, Vanille-Zucker und 1 gute Prise Salz hinzugeben, gut untermischen. Butter in kleine Stückchen schneiden und hinzugeben. Ei, Eigelb und Wasser verschlagen, ebenfalls hinzugeben. Die Zutaten mit einem Mixer (Knethaken) kurz zu einem glatten Teig verkneten. Ein Drittel von dem Teig abnehmen und zu einer flachen Scheibe formen. Restlichen Teig ebenfalls zu einer flachen Scheibe formen. Beide Teigscheiben in Frischhaltefolie gewickelt etwa 30 Minuten in den Kühlschrank legen.

2. Für die Füllung in der Zwischenzeit Birnen schälen, entstielen, halbieren, entkernen und in feine Würfel schneiden. Mit Zitronensaft vermischen. Pudding-Pulver mit Zucker und etwa 100 ml Saft oder Nektar anrühren. Restlichen Saft oder Nektar und Sahne in einem Topf zum Kochen bringen. Angerührtes Pudding-Pulver in den von der Kochstelle genommenen Saft rühren und unter Rühren aufkochen lassen. Birnenstückchen hinzugeben und etwa 1 Minute bei schwacher Hitze kochen lassen, dabei gelegentlich umrühren. Dann Hagebuttenmark und Zimt unterrühren. Die Pudding-Birnen-Masse etwas abkühlen lassen.

3. Den Backofen vorheizen.
Ober-/Unterhitze: etwa 180 °C
Heißluft: etwa 160 °C

4. Die größere Teigscheibe auf einer leicht bemehlten Arbeitsfläche zu einer runden Platte (etwa Ø 30 cm) ausrollen, in eine Springform (Ø 26 cm, gefettet) legen und einen hohen Rand formen. Den Rand gerade schneiden. Die Pudding-Birnen-Masse auf den Teig geben.

5. Die restliche Teigscheibe auf der leicht bemehlten Arbeitsfläche zu einer etwa ½ cm dicken Platte ausrollen. Daraus mit einem Messer oder Teigrädchen lange Streifen (1 ½–2 cm breit) ausschneiden. Die Teigstreifen gitterartig auf der Pudding-Birnen-Masse verteilen und mit den gehackten Haselnusskernen bestreuen.

6. Die Form auf dem Rost in den vorgeheizten Backofen (unterste Schiene) schieben. Die Torte **in 75–80 Minuten goldbraun backen.**

7. Die Form auf einen Kuchenrost stellen. Die Torte abgekühlt in der Form am besten über Nacht in den Kühlschrank stellen.

8. Die Birnen-Torte aus der Form lösen, auf eine Tortenplatte setzen und vor dem Servieren fein mit Puderzucker bestäuben.

HASELNUSS-DINKEL-ROLLE

Zubereitungszeit: 35 Minuten, ohne Kühlzeit
Backzeit: etwa 12 Minuten

ZUTATEN FÜR 12 STÜCKE

FÜR DEN TEIG:

75 g helles Dinkelmehl (Type 630)
½ gestr. TL Backpulver
75 g gem. Haselnusskerne
5 Eier (Größe M)
120 g Zucker

FÜR DIE FÜLLUNG:

100 g Zartbitter-Schokolade (etwa 50 % Kakaoanteil)
250 g Brombeerkonfitüre (selbst gemacht oder aus dem Glas; alternativ Waldbeer-Konfitüre, bzw. -Aufstrich)
250 g Speisequark (40 % Fett)
2 EL Zitronensaft
30 g Puderzucker
350 g Schlagsahne (mind. 30 % Fett)
2 Pck. Gelatine fix

FÜR DEN KROKANT:

30 g Zucker
20 g gehobelte Haselnusskerne
1 Prise gem. Zimt

ZUSÄTZLICH:

etwa 2 EL Zucker für das Geschirrtuch
200 g Schlagsahne (mind. 30 % Fett)

PRO STÜCK:

E: 10 g, F: 28 g, Kh: 41 g, kcal: 454

1. Den Backofen vorheizen.
Ober-/Unterhitze: etwa 180 °C
Heißluft: etwa 160 °C

2. Für den Teig Mehl mit Backpulver und Haselnusskernen mischen. Eier trennen.

3. Eiweiß mit 1 Prise Salz mit einem Mixer (Rührstäbe) steif schlagen. Den Zucker nach und nach einrieseln lassen und so lange schlagen, bis der Zucker ganz gelöst ist. Eigelb einzeln kurz unterrühren. Mehl-Nuss-Mischung in 2 Portionen zum Eischnee geben und locker unterheben.

4. Den Teig auf einem Backblech (30 x 40 cm, mit Backpapier belegt) verteilen und glatt streichen. Das Backblech in den vorgeheizten Backofen schieben. Biskuitplatte **etwa 12 Minuten backen.**

5. Die Biskuitplatte sofort auf ein mit etwa 2 Esslöffeln Zucker bestreutes Geschirrtuch stürzen. Mitgebackenes Backpapier abziehen. Die Biskuitplatte mit dem Geschirrtuch aufrollen und erkalten lassen.

6. Für die Füllung Schokolade fein hacken. Konfitüre glatt rühren. Quark, Zitronensaft und Puderzucker in einer Rührschüssel mit dem Mixer (Rührstäbe) glatt verrühren. Sahne steif schlagen, dabei Gelatine fix nach und nach einrieseln lassen. Die Sahne unter die Quarkcreme heben.

7. Biskuitrolle entrollen und das Geschirrtuch entfernen. Die Konfitüre daraufstreichen, dabei rundherum einen kleinen Rand frei lassen. Schokolade gleichmäßig daraufstreuen. Die Quark-Sahne-Creme auf der Biskuitplatte verstreichen, dabei rundherum einen 3–4 cm breiten Rand frei lassen.

8. Die Biskuitplatte aufrollen und mit der Naht nach unten auf eine längliche Kuchenplatte setzen. Die Biskuitrolle zugedeckt mindestens 2 Stunden in den Kühlschrank stellen.

9. Für den Krokant Zucker in einer kleinen Pfanne bei mittlerer Hitze schmelzen. Die Haselnusskerne und Zimt unterrühren und kurz karamellisieren lassen. Die Nussmasse auf einem Stück Backpapier verteilen und erkalten lassen.

10. Sahne mit dem Mixer (Rührstäbe) steif schlagen, in einen Spritzbeutel mit Lochtülle (Ø 8 mm) füllen. Die Biskuitrolle mit der Sahne verzieren. Haselnuss-Krokant zerbröseln und kurz vor dem Servieren auf die Rolle streuen.

TIPP:

Einen zusätzlichen fruchtig-frischen Touch bekommt die Biskuitrolle, wenn 200 g frische Beeren (z. B. Brombeeren, Himbeeren oder Heidelbeeren) und statt dunkler, helle gehackte Schokolade auf der Konfitüre verteilt werden.

HASELNUSS-PREISELBEER-ZUPFKUCHEN

● Zubereitungszeit: 40 Minuten, ohne Kühlzeit
Backzeit: 50–55 Minuten
▲ Mit Alkohol

ZUTATEN FÜR 16 STÜCKE

FÜR DEN TEIG:

275 g Weizenmehl
1 gestr. TL Backpulver
100 g gem. Haselnusskerne
1 TL gem. Zimt
120 g Zucker
150 g gekühlte Butter
1 Ei (Größe M)

FÜR DEN BELAG:

3 Eier (Größe M)
150 g Zucker
600 g Magerquark
200 g Doppelrahm-Frischkäse
4 EL Zitronensaft
25 g Speisestärke
2 Pck. Vanillin-Zucker
150 g Preiselbeerkompott (aus dem Glas)
2 EL Mandellikör oder Orangensaft

ZUM BESTÄUBEN:

evtl. 1 EL Puderzucker

PRO STÜCK:

E: 11 g, F: 17 g, Kh: 39 g, kcal: 362

1. Für den Teig Mehl mit Backpulver, Haselnusskernen, Zimt, ½ gestrichenen Teelöffel Salz und Zucker in einer Rührschüssel mischen. Butter in kleinen Stücken und das Ei hinzugeben. Die Zutaten mit dem Mixer (Knethaken) kurz zu einem glatten Teig verkneten. Den Teig in Frischhaltefolie gewickelt etwa 1 Stunde in den Kühlschrank legen.

2. Den Backofen vorheizen.
Ober-/Unterhitze: etwa 180 °C
Heißluft: etwa 160 °C

3. Für den Belag Eier, Zucker, Quark, Frischkäse, Zitronensaft, Speisestärke und Vanillin-Zucker in eine Rührschüssel geben und mit dem Mixer (Rührstäbe) glatt verschlagen.

4. Die Hälfte des Teiges auf einer leicht bemehlten Arbeitsfläche zu einer runden Platte (Ø 28–30 cm) ausrollen, in eine Springform (Ø 26 cm, gefettet) legen und andrücken, dabei einen hohen Rand andrücken.

5. Die Quarkcreme auf den Boden geben und glatt streichen. Preiselbeerkompott mit Likör oder Orangensaft glatt verrühren und mit einem Teelöffel in Klecksen in die Creme setzen. Restlichen Teig in Stückchen zupfen und auf der Creme verteilen.

6. Die Form auf dem Rost in den vorgeheizten Backofen (unterste Schiene) schieben. Den Zupfkuchen **50–55 Minuten backen**.

7. Die Form auf einen Kuchenrost stellen. Den Kuchen in der Form erkalten lassen.

8. Den Kuchen aus der Form lösen und auf eine Kuchenplatte setzen. Nach Belieben mit Puderzucker bestäubt servieren.

HASELNUSS-STRIEZEL

Zubereitungszeit: 35 Minuten, ohne Abkühlzeit
Backzeit: etwa 45 Minuten

ZUTATEN FÜR 16 STÜCKE

FÜR DEN KNETTEIG:

300 g Weizenmehl
2 gestr. TL Backpulver
125 g Zucker
1 Pck. Vanillin-Zucker
1 Ei (Größe M)
3 EL Milch
150 g Butter oder Margarine (zimmerwarm)

FÜR DIE FÜLLUNG:

400 g geröstete, gem. Haselnusskerne
1 Eiweiß (Größe M)
100 g Zucker
1 Pck. Bourbon-Vanille-Zucker
75 g Crème fraîche

ZUM BESTREICHEN:

1 Eigelb (Größe M)
1 EL Milch

PRO STÜCK:

E: 6 g, F: 27 g, Kh: 32 g, kcal: 390

1. Für den Teig Mehl mit Backpulver mischen und in eine Rührschüssel geben. Zucker, Vanillin-Zucker, Ei, Milch und Butter oder Margarine hinzufügen.

2. Die Zutaten mit einem Mixer (Knethaken) zunächst kurz auf niedrigster, dann auf höchster Stufe gut durcharbeiten.

3. Anschließend auf einer bemehlten Arbeitsfläche zu einem glatten Teig verkneten. Sollte er kleben, ihn in Frischhaltefolie gewickelt eine Zeit lang in den Kühlschrank legen

4. Den Backofen vorheizen.
Ober-/Unterhitze: etwa 180 °C
Heißluft: etwa 160 °C

5. Für die Füllung Haselnusskerne in einer Pfanne ohne Fett unter Rühren goldbraun rösten, herausnehmen und auf einem Teller erkalten lassen.

6. Haselnusskerne mit Eiweiß, Zucker, Vanille-Zucker und Crème fraîche zu einer geschmeidigen Masse verrühren.

7. Den Teig auf einer bemehlten Arbeitsfläche zu einem Rechteck (etwa 30 x 45 cm) ausrollen, die Nussmasse darauf verteilen. Den Teig von der längeren Seite aus aufrollen, auf Backpapier legen (rollen) und auf ein Backblech ziehen.

8. Zum Bestreichen Eigelb mit Milch verschlagen. Die Teigrolle damit bestreichen und mit einem scharfen Messer zickzackförmig etwa ½ cm tief einschneiden. Das Backblech in den vorgeheizten Backofen schieben. Den Striezel **etwa 45 Minuten backen.**

9. Den Striezel mit dem Backpapier vom Backblech auf einen Kuchenrost ziehen. Striezel erkalten lassen.

TIPPS:

Statt Haselnusskerne können auch abgezogene, gemahlene Mandeln verwendet werden. Zusätzlich etwa 75 g in Rum eingelegte Rosinen in die Füllung geben.

HEFEKUCHEN MIT CRANBERRYS

Zubereitungszeit: 25 Minuten, ohne Teiggeh- und Abkühlzeit
Backzeit: etwa 20 Minuten

ZUTATEN FÜR 20 STÜCKE

FÜR DEN HEFETEIG:

200 ml Milch (1,5 % Fett)
30 g Butter
350 g Weizenmehl
1 Pck. Trockenbackhefe
20 g Zucker, 1 Ei (Größe M)

FÜR DEN BELAG:

50 g getrocknete Cranberrys
250 g Speisequark (20 % Fett)
300 g Vanillejoghurt (3,5 % Fett)
1 Ei (Größe M)
30 g Butter
30 g gehobelte Mandeln
30 g Zucker

PRO STÜCK:

E: 6 g, F: 6 g, Kh: 22 g, kcal: 161

1. Für den Teig Milch in einem kleinen Topf leicht erwärmen, die Butter darin zerlassen.

2. Mehl in einer Rührschüssel mit der Trockenbackhefe sorgfältig vermischen. Zucker, Ei und die warme Milch-Butter-Mischung hinzufügen.

3. Die Zutaten mit einem Mixer (Knethaken) zunächst kurz auf niedrigster, dann auf höchster Stufe in etwa 5 Minuten zu einem glatten Teig verarbeiten. Den Teig mit Mehl bestäuben und zugedeckt so lange an einem warmen Ort gehen lassen, bis er sich sichtbar vergrößert hat (etwa 30 Minuten).

4. Den gegangenen Teig leicht mit Mehl bestäuben, aus der Schüssel nehmen, auf einer leicht bemehlten Arbeitsfläche nochmals kurz durchkneten und zu einem Rechteck (etwa 30 x 40 cm) ausrollen. Die Teigplatte in ein tiefes Backblech (30 x 40 cm, gefettet) legen, dabei den Teig am Rand leicht andrücken. Die Teigplatte nochmals zugedeckt etwa 30 Minuten an einem warmen Ort gehen lassen, bis sie sich sichtbar vergrößert hat.

5. In der Zwischenzeit für den Belag Cranberrys in kleine Stücke hacken und in eine Schüssel geben. Quark, Joghurt und Ei unterrühren. Butter zerlassen und unterheben.

6. Den Backofen vorheizen.
Ober-/Unterhitze: etwa 180 °C
Heißluft: etwa 160 °C

7. Den Zeige- und Mittelfinger in Mehl tauchen und in gleichmäßigen Abständen Löcher in die Teigplatte drücken. Die Cranberry-Quark-Masse auf dem Teig verteilen und glatt streichen. Zuerst die Mandeln, dann den Zucker daraufstreuen. Das Backblech in den vorgeheizten Backofen schieben. Den Kuchen **etwa 20 Minuten backen.**

8. Das Backblech auf einen Kuchenrost stellen. Den Kuchen erkalten lassen.

HEFEZOPF

Zubereitungszeit: 35 Minuten, ohne Teiggehzeit
Backzeit: etwa 30 Minuten

ZUTATEN FÜR 12 STÜCKE

FÜR DEN HEFETEIG:

250 g Schlagsahne
500 g Weizenmehl
1 Pck. Trockenbackhefe
80 g Zucker
1 Pck. Vanillin-Zucker
1 Pck. Geriebene Zitronenschale
1 Prise Salz
2 Eier (Größe M)
1 Eiweiß (Größe M)

ZUM BESTREICHEN:

1 Eigelb (Größe M)
1 EL Milch

PRO STÜCK:

E: 7 g, F: 9 g, Kh: 39 g, kcal: 265

1. Für den Teig Sahne erwärmen. Mehl in einer Rührschüssel mit Trockenbackhefe sorgfältig vermischen. Übrige Teigzutaten und die warme Sahne hinzufügen, alles mit einem Mixer (Knethaken) kurz auf niedrigster, dann auf höchster Stufe in etwa 5 Minuten zu einem glatten Teig verarbeiten. Den Teig zugedeckt so lange an einem warmen Ort gehen lassen, bis er sich sichtbar vergrößert hat.

2. Den Teig leicht mit Mehl bestäuben und auf der leicht bemehlten Arbeitsfläche kurz durchkneten. Aus dem Teig 4 etwa 30 cm lange Rollen formen.

3. Die Rollen zu einem Zopf flechten. Dazu die 4 Rollen nebeneinanderlegen. Die oberen Teigenden der Rollen etwas zusammendrücken. Teigrolle 4 über Rolle 3, unter Rolle 2 und über Rolle 1 legen. Alle Teigrollen ein wenig nach rechts rücken, dann die äußerste rechte Rolle (3) aufnehmen, über Rolle 2, unter Rolle 1 und über Rolle 4 legen. Dies so oft wiederholen, bis der Zopf fertig geflochten ist, dabei immer von rechts beginnen. Die Teigenden gut zusammendrücken. Den Zopf auf ein Backblech (30 x 40 cm, mit Backpapier belegt) legen.

4. Den Backofen vorheizen.
Ober-/Unterhitze: etwa 180 °C
Heißluft: etwa 160 °C

5. Eigelb mit Milch verschlagen und den Zopf damit bestreichen. Den Zopf nochmals so lange an einem warmen Ort gehen lassen, bis er sich sichtbar vergrößert hat.

6. Das Backblech in den vorgeheizten Backofen schieben. Den Hefezopf **etwa 30 Minuten backen.**

7. Den Hefezopf mit dem Backpapier vom Backblech auf einen Kuchenrost ziehen und erkalten lassen.

HEIDELBEER-MOHN-TORTE

Zubereitungszeit: 50 Minuten, ohne Kühlzeit
Backzeit: 25–30 Minuten

ZUTATEN FÜR 16 STÜCKE

FÜR DEN BISKUITTEIG:

3 Eier (Größe M)
150 g Zucker
1 Pck. Vanillin-Zucker
100 g Weizenmehl
2 gestr. TL Backpulver
100 g gem. Mohnsamen

FÜR DIE FÜLLUNG:

8 Blatt weiße Gelatine
300 g frische Heidelbeeren (Blaubeeren)
250 g Buttermilch
100 g Zucker
etwa 2 EL Zitronensaft
400 g Schlagsahne (mind. 30 % Fett)

ZUM BESTREICHEN:

3 EL Aprikosen-Fruchtaufstrich, fein passiert

FÜR DEN BELAG:

150 g frische Heidelbeeren (Blaubeeren)

FÜR DEN GUSS:

1 Pck. ungezuckerter Tortenguss, rot
1 EL Zucker
125 ml Apfelsaft
125 ml Wasser

FÜR DEN RAND:

200 g Schlagsahne (mind. 30 % Fett)
1 Pck. Sahnesteif
1 Pck. Vanillin-Zucker

PRO STÜCK:

E: 5 g, F: 16 g, Kh: 32 g, kcal: 295

1. Den Backofen vorheizen.
Ober-/Unterhitze: etwa 180 °C
Heißluft: etwa 160 °C

2. Für den Teig Eier in einer Rührschüssel mit einem Mixer (Rührstäbe) auf höchster Stufe in 1 Minute schaumig schlagen. Zucker mit Vanillin-Zucker mischen, in 1 Minute unter Rühren einstreuen, dann noch etwa 2 Minuten schlagen.

3. Mehl mit Backpulver mischen und kurz auf niedrigster Stufe unterrühren. Mohn unterheben. Den Teig in eine Springform (Ø 26 cm, mit Backpapier belegt) geben und glatt streichen. Die Form auf dem Rost in den vorgeheizten Backofen (unteres Drittel) schieben. Den Biskuitboden **25–30 Minuten backen.**

4. Den Biskuitboden aus der Form lösen und auf einen mit Backpapier belegten Kuchenrost stürzen. Biskuitboden erkalten lassen.

5. Für die Füllung Gelatine nach Packungsanleitung einweichen. Heidelbeeren abspülen, gut abtropfen lassen und fein pürieren. Buttermilch mit Zucker und Zitronensaft verrühren. Heidelbeerpüree unterrühren.

6. Eingeweichte Gelatine leicht ausdrücken und in einem kleinen Topf unter Rühren auflösen. Gelatine zuerst mit 3–4 Esslöffeln der Heidelbeer-Buttermilch-Masse verrühren, dann unter die restliche Heidelbeer-Buttermilch-Masse rühren.

7. Sahne mit dem Mixer (Rührstäbe) steif schlagen. Sobald die Heidelbeer-Buttermilch-Masse anfängt dicklich zu werden, Sahne unterheben.

8. Den Tortenboden einmal waagerecht durchschneiden und mit dem Fruchtaufstrich bestreichen. Einen Tortenring darumstellen. Zwei Drittel der Heidelbeer-Buttermilch-Creme auf den Tortenboden geben, glatt streichen und mit dem oberen Tortenboden belegen, leicht andrücken.

9. Restliche Heidelbeer-Buttermilch-Creme daraufgeben und glatt streichen. Die Torte etwa 3 Stunden in den Kühlschrank stellen.

10. Für den Belag Heidelbeeren abspülen, gut abtropfen lassen und die Mitte der Tortenoberfläche damit belegen.

11. Für den Guss aus Tortengusspulver, Zucker, Apfelsaft und Wasser einen Guss nach Packungsanleitung zubereiten. Den Guss von der Mitte aus auf den Heidelbeeren und der Tortenoberfläche verteilen. Die Torte etwa 30 Minuten kalt stellen. Den Tortenring lösen und entfernen.

12. Für den Rand Sahne mit dem Mixer (Rührstäbe) mit Sahnesteif und Vanillin-Zucker steif schlagen. Die Sahne in einen Spritzbeutel mit Lochtülle (Ø etwa 10 mm) füllen. Den Tortenrand damit verzieren.

HIMBEER-BROWNIEKUCHEN

Zubereitungszeit: 40 Minuten, ohne Abkühlzeit
Backzeit: etwa 35 Minuten

ZUTATEN FÜR 20 STÜCKE

ZUM VORBEREITEN:

300 g Zartbitter-Kuvertüre
(mind. 50 % Kakaoanteil)
200 g Butter
100 g weiße Schokolade
400 g Himbeeren

FÜR DEN BISKUITTEIG:

6 Eier (Größe M)
200 g brauner Rohrzucker
1 Pck. Bourbon-Vanille-Zucker
200 g Weizenmehl
1 gestr. TL Backpulver

FÜR DEN GUSS:

150 g Zartbitter-Schokolade
(mind. 50 % Kakaoanteil)
50 g Schlagsahne

FÜR DEN BELAG:

150–200 g Himbeeren

PRO STÜCK:

E: 7 g, F: 17 g, Kh: 24 g, kcal: 283

1. Zum Vorbereiten Kuvertüre in Stücke hacken, mit der Butter in einer Schüssel im heißen Wasserbad bei schwacher Hitze unter Rühren schmelzen, erkalten lassen. Weiße Schokolade in etwa ½ cm große Würfel schneiden.

2. Himbeeren verlesen, kurz abspülen, trocken tupfen und ggf. entstielen.

3. Den Backofen vorheizen.
Ober-/Unterhitze: etwa 180 °C
Heißluft: etwa 160 °C

4. Für den Teig Eier in einer Rührschüssel mit einem Mixer (Rührstäbe) auf höchster Stufe in 1 Minute schaumig schlagen. Zucker mit Vanille-Zucker mischen, in 1 Minute unter Rühren einstreuen, dann noch etwa 2 Minuten schlagen.

5. Mehl mit Backpulver mischen, kurz auf niedrigster Stufe unterrühren. Kuvertüremasse, Schokoladenstückchen und die Himbeeren vorsichtig unterheben. Einen Backrahmen auf ein Backblech (30 x 40 cm, mit Backpapier belegt) stellen. Den Teig vorsichtig auf dem Backblech verstreichen.

6. Das Backblech in den vorgeheizten Backofen schieben. Den Kuchen **etwa 35 Minuten backen.**

7. Das Backblech auf einen Kuchenrost stellen. Den Kuchen erkalten lassen.

8. Für den Guss Schokolade in Stücke brechen, mit der Sahne in einem kleinen Topf im heißen Wasserbad bei schwacher Hitze unter Rühren schmelzen.

9. Für den Belag Himbeeren verlesen, kurz abspülen, trocken tupfen und entstielen. Die Himbeeren auf dem Kuchen verteilen.

10. Geschmolzene Schokolade in einen Gefrierbeutel geben und eine kleine Ecke abschneiden. Die Schokolade auf die Himbeeren und den Kuchen spritzen. Schokolade fest werden lassen.

11. Backrahmen lösen und entfernen. Den Kuchen in Stücke schneiden.

HIMMEL-UND-ERDE-TORTE

● Zubereitungszeit: 60 Minuten, ohne Kühlzeit
Backzeit: 50–60 Minuten
▲ Mit Alkohol

ZUTATEN FÜR 12 STÜCKE

FÜR DEN TEIG I:

400 g geschälte Kartoffeln
4 Eier (Größe M)
150 g Zucker
120 g Weizenmehl
1 gestr. TL Backpulver
100 g abgezogene, gem. Mandeln
50 g Korinthen

FÜR DEN TEIG II:

50 g gehackte Mandeln
2 EL Zimt-Zucker
25 g Butter

FÜR DIE FÜLLUNG:

750 g Äpfel, z. B. Elstar oder Braeburn
200 ml Apfelsaft, 100 ml Weißwein
40 g Zucker, 1 Stange Zimt
6 Blatt weiße Gelatine
500 g Schlagsahne (mind. 30 % Fett)
1 Pck. Sahnesteif
1 Pck. Vanillin-Zucker

PRO STÜCK:

E: 9 g, F: 25 g, Kh: 45 g, kcal: 447

1. Für den Teig I Kartoffeln in einem Topf mit Wasser (ohne Salz) bedeckt zum Kochen bringen. Kartoffeln etwa 20 Minuten garen. Kartoffeln abgießen, abdämpfen. Zwei Drittel der Kartoffeln sofort durch eine Kartoffelpresse drücken. Kartoffeln (gepresst und ganze Kartoffeln) erkalten lassen.

2. Den Backofen vorheizen.
Ober-/Unterhitze: etwa 180 °C
Heißluft: etwa 160 °C

3. Eier in einer Rührschüssel mit einem Mixer (Rührstäbe) auf höchster Stufe in 1 Minute schaumig schlagen. Zucker und 1 Prise Salz in 1 Minute unter Rühren einstreuen, dann noch etwa 2 Minuten schlagen.

4. Mehl mit Backpulver und Mandeln mischen, in 2 Portionen kurz auf niedrigster Stufe unterrühren. Ein Viertel des Biskuitteiges abnehmen und in eine Rührschüssel geben. Die gepressten Kartoffeln und Korinthen unter den restlichen Teig heben. Den Teig in eine Springform (Ø 26 cm, gefettet, mit Semmelbröseln ausgestreut) geben und glatt streichen. Die Form auf dem Rost in den vorgeheizten Backofen schieben. Den Boden **35–40 Minuten backen.**

5. Den Boden aus der Form lösen und auf einem mit Backpapier belegten Kuchenrost erkalten lassen.

6. Für den Teig II die ganzen Kartoffeln in sehr kleine Würfel schneiden. Kartoffelwürfel und Mandeln unter den restlichen Biskuitteig heben. Den Teig ebenfalls in eine Springform (Ø 26 cm, gefettet, mit Semmelbröseln ausgestreut) geben und glatt streichen. Den Teig mit Zimt-Zucker bestreuen. Zum Schluss Butterflöckchen darauf verteilen.

7. Die Form auf dem Rost in den heißen Backofen schieben. Den Boden **bei gleicher Backofentemperatur 15–20 Minuten backen.**

8. Den Boden aus der Form lösen und auf dem Springformboden erkalten lassen.

9. Für die Füllung Äpfel schälen, vierteln, entkernen, in dünne Spalten schneiden. Apfelsaft mit Wein, Zucker und Zimtstange zum Kochen bringen. Apfelspalten darin 2–3 Minuten bei schwacher Hitze kochen lassen.

10. Gelatine einweichen, leicht ausdrücken, zu den gedünsteten Apfelspalten (Zimtstange entfernen) geben, unter Rühren auflösen. Von der Sahne 125 g abnehmen und flüssig unter die Apfelspalten rühren. Apfelmasse erkalten lassen.

11. Den Tortenboden mit den Korinthen auf eine Tortenplatte legen, einen Tortenring darumstellen. Wenn die Apfelmasse anfängt dicklich zu werden, sie auf den Tortenboden geben und glatt streichen. Die Torte etwa 2 Stunden in den Kühlschrank stellen.

12. Restliche Sahne (375 g) mit einem Mixer (Rührstäbe) mit Sahnesteif und Vanillin-Zucker steif schlagen. Sahne in einen Spritzbeutel mit Lochtülle (Ø etwa 10 mm) füllen. Den Tortenring lösen und entfernen. Die Tortenoberfläche mit unterschiedlich großen Sahnetuffs verzieren.

13. Den zweiten Tortenboden mit einem scharfen Messer in 12 Stücke schneiden. Die Tortenstücke windmühlenartig in die Sahnetuffs stecken. Die Torte nochmals etwa 30 Minuten in den Kühlschrank stellen.

HIMMELSTORTE

Zubereitungszeit: 90 Minuten, ohne Kühlzeit
Backzeit: etwa 20 Minuten je Boden

ZUTATEN FÜR 12 STÜCKE

FÜR DEN BELAG:

5 Eiweiß (Größe M)
1 EL Zucker

FÜR DEN RÜHRTEIG:

250 g Butter oder Margarine (zimmerwarm)
200 g Zucker
1 Pck. Vanillin-Zucker
5 Eigelb (Größe M)
250 g Weizenmehl
2 TL Backpulver

ZUM BESTREUEN:

40 g Zucker
1 Msp. gem. Zimt
100 g abgezogene, gehobelte Mandeln

FÜR DIE FÜLLUNG:

500 g Johannisbeeren
100 g Puderzucker
400 g Schmand (Sauerrahm)
150 g Crème fraîche
1 TL Puderzucker
3 Pck. Sahnesteif

PRO STÜCK:

E: 7 g, F: 37 g, Kh: 53 g, kcal: 580

1. Den Backofen vorheizen.
Ober-/Unterhitze: etwa 180 °C
Heißluft: etwa 160 °C

2. Für den Belag Eiweiß und 1 Prise Salz mit einem Mixer (Rührstäbe) steif schlagen. Der Schnee muss so fest sein, dass ein Messerschnitt sichtbar bleibt. Zucker kurz unterschlagen.

3. Für den Teig Butter oder Margarine in einer Rührschüssel mit dem Mixer (Rührstäbe) geschmeidig rühren. Nach und nach Zucker und Vanillin-Zucker unterrühren. So lange rühren, bis eine gebundene Masse entstanden ist. Eigelb nach und nach unterrühren (jedes Eigelb knapp ½ Minute). Mehl mit Backpulver mischen und in 2 Portionen auf mittlerer Stufe unterrühren.

4. Aus dem Teig 4 Böden backen. Dafür jeweils 2 Esslöffel des Teiges auf den Boden einer Springform (Ø 26 cm, gefettet) streichen (darauf achten, dass die Teiglage am Rand nicht zu dünn ist, damit der Boden dort nicht zu dunkel wird). Jeweils ein Viertel des Eischnees gleichmäßig auf dem verstrichenen Teig verteilen. Zucker mit Zimt mischen, ein Viertel davon und ein Viertel der Mandeln auf jeden Teigboden streuen. Die Böden ohne Springformrand auf dem Rost in den vorgeheizten Backofen schieben und **etwa 20 Minuten je Boden backen.**

5. Die Böden vorsichtig von den Springformböden lösen und einzeln auf je einem mit Backpapier belegten Kuchenrost erkalten lassen.

6. Für die Füllung Johannisbeeren waschen, gut abtropfen lassen, von den Rispen streifen und mit Puderzucker bestreuen. Schmand und Crème fraîche mit Puderzucker und Sahnesteif gemischt in einer Schüssel etwa 2 Minuten mit dem Mixer (Rührstäbe) aufschlagen. Johannisbeeren unterheben.

7. Drei Böden mit der Creme bestreichen und zu einer Torte zusammensetzen. Den vierten Boden darauflegen. Die Himmelstorte etwa 1 Stunde kalt stellen.

ABWANDLUNG:

Die Füllung kann auch mit frischen Himbeeren zubereitet werden, dann aber nur 50 g Puderzucker verwenden.

HIPPENRÖLLCHEN

Zubereitungszeit: 90 Minuten, ohne Ruhezeit
Backzeit: etwa 4 Minuten je Backblech
Haltbarkeit: etwa 3 Wochen in gut schließenden Dosen

ZUTATEN FÜR 25 STÜCK

FÜR DEN TEIG:

80 g Weizenmehl
80 g gesiebter Puderzucker
30 ml Milch (3,5 % Fett)
1 Eiweiß (Größe M)
2 EL geschälte Sesamsamen

FÜR DIE FÜLLUNG:

100 g gehackte Haselnusskerne
250 g Nuss-Nougat
2 EL geschälte Sesamsamen

PRO STÜCK:

E: 2 g, F: 7 g, Kh: 12 g, kcal: 11

1. Für den Teig Mehl mit Puderzucker in einer Rührschüssel mischen. Milch und Eiweiß hinzufügen und mit einem Mixer (Rührstäbe) zunächst kurz auf niedrigster, dann auf höchster Stufe zu einem glatten, dickflüssigen Teig verrühren. Den Teig zugedeckt etwa 20 Minuten ruhen lassen.

2. Den Backofen vorheizen.
Ober-/Unterhitze: etwa 210 °C
Heißluft: etwa 190 °C

3. Von dem Teig jeweils 1 Teelöffel auf ein Backblech (30 x 40 cm, gefettet, mit Backpapier belegt) geben und mit der Rückseite des Teelöffels gleichmäßig zu einem Kreis (Ø je 7–8 cm) verstreichen. Insgesamt nur 3 Teigkreise auf das Backblech streichen. Jeden Teigkreis mit etwas Sesam bestreuen. Das Backblech in den vorgeheizten Backofen schieben. Die Teigkreise **etwa 4 Minuten backen,** bis der Rand goldbraun ist.

4. Das Backblech auf einen Kuchenrost stellen. Die heißen Teigkreise sofort vom Backpapier lösen, um jeweils einen dicken Stift (Ø etwa 1 cm) wickeln und mit der offenen Seite nach unten kurz auf ein Stück Backpapier legen.

5. Die knusprigen Hippen vorsichtig von den Stiften ziehen und erkalten lassen. Den Vorgang so oft wiederholen, bis der Teig aufgebraucht ist.

6. Für die Füllung die Haselnusskerne in einer Pfanne ohne Fett unter Wenden goldbraun rösten und auf einen Teller geben. Nuss-Nougat klein schneiden und in einem kleinen Topf im heißen Wasserbad bei schwacher Hitze unter Rühren schmelzen. Den Topf von der Kochstelle nehmen, die Haselnüsse unter die Nougatmasse rühren.

7. Die Nougatmasse erst kurz bevor sie fest wird in einen Spritzbeutel mit Lochtülle (Ø etwa 1 cm) geben. Die Hippenröllchen damit füllen. Die Hippenröllchen mit den offenen Enden in Sesam tauchen. Die Füllung fest werden lassen.

HIRSEKEKSE MIT APRIKOSENFÜLLUNG

Zubereitungszeit: 50 Minuten, ohne Abkühl- und Trockenzeit
Backzeit: etwa 10 Minuten je Backblech
Haltbarkeit: etwa 3 Wochen in gut schließenden Dosen

ZUTATEN FÜR 40 STÜCK

FÜR DEN TEIG:

100 g Butter (zimmerwarm)
50 g brauner Zucker
1 Ei (Größe M)
100 g Teffmehl aus Zwerghirse (erhältlich im Reformhaus oder Bioladen)
50 g gem. Mandeln

FÜR DIE APRIKOSENFÜLLUNG:

120 g getrocknete Soft-Aprikosen
40 g Marzipan-Rohmasse
2 EL Wasser
30 g Aprikosenkonfitüre

PRO STÜCK:

E: 1 g, F: 3 g, Kh: 5 g, kcal: 55

1. Den Backofen vorheizen.
Ober-/Unterhitze: etwa 180 °C
Heißluft: etwa 160 °C

2. Für den Teig Butter mit Zucker und 1 Prise Salz mit einem Mixer (Rührstäbe) auf mittlerer Stufe schaumig schlagen. Das Ei hinzufügen und kurz unterrühren.

3. Das Teffmehl mit den Mandeln mischen, auf die Butter-Ei-Masse geben und mit einem Kochlöffel unterheben.

4. Den Hirseteig in einen Spritzbeutel mit Lochtülle (Ø etwa 1 ½ cm) füllen und in flachen Tupfen (Ø etwa 3 cm) auf 2 Backbleche (30 x 40 cm, mit Backpapier belegt) spritzen. Dabei genügend Abstand zwischen den Tupfen lassen.

5. Die Backbleche nacheinander (bei Heißluft zusammen) in den vorgeheizten Backofen schieben. Die Hirsekekse **etwa 10 Minuten je Backblech backen.**

6. Die Hirsekekse mit dem Backpapier von den Backblechen auf Kuchenroste ziehen und erkalten lassen.

7. Für die Füllung die Aprikosen in grobe Stücke hacken. Aprikosenstücke mit Marzipan, Wasser und Aprikosenkonfitüre in einen Blitzhacker geben und fein pürieren.

8. Die Hälfte der Hirsekekse auf der Unterseite jeweils schön dick mit etwas von der Aprikosenfüllung bestreichen. Die restlichen Hirsekekse mit der Unterseite daraufsetzen und leicht andrücken. Die Aprikosenfüllung einige Stunden trocknen lassen.

HOLLÄNDER KIRSCHTORTE

Zubereitungszeit: 60 Minuten,
ohne Auftau-, Ruhe- und Kühlzeit
Backzeit: etwa 15 Minuten je Boden

ZUTATEN FÜR 12 STÜCKE

FÜR DEN TEIG:

450 g TK-Blätterteig (9 quadratische Platten)

FÜR DIE KIRSCHFÜLLUNG:

350 g abgetropfte Sauerkirschen (aus dem Glas)
25 g Speisestärke, 2 Pck. Vanillin-Zucker
250 ml Kirschsaft (aus dem Glas)

FÜR DIE SAHNEFÜLLUNG:

600 g Schlagsahne (mind. 30 % Fett)
25 g Zucker, 1 Pck. Vanillin-Zucker
3 Pck. Sahnesteif

FÜR DEN GUSS:

100 g Johannisbeergelee
100 g Puderzucker, 3–4 TL Zitronensaft

PRO STÜCK:

E: 4 g, F: 24 g, Kh: 44 g, kcal: 418

1. Für den Teig die Blätterteigplatten nebeneinander nach Packungsanleitung auftauen lassen. 3 Bögen Backpapier in Größe des Backblechs vorbereiten.

2. Ein Backblech (30 x 40 cm) mit einem vorbereiteten Backpapierbogen belegen.
Den Backofen vorheizen.
Ober-/Unterhitze: etwa 200 °C
Heißluft: etwa 180 °C

3. Zunächst für einen Boden in der Mitte eines Backpapierbogens 3 Teigplatten versetzt aufeinanderlegen. Die vorstehenden Ecken leicht einklappen und zu einer runden Platte (Ø 28–30 cm) ausrollen. Den Boden mehrmals sehr dicht mit einer Gabel einstechen und etwa 15 Minuten ruhen lassen. Die beiden anderen Böden ebenso vorbereiten.

4. Das Backpapier mit dem ersten Boden auf das Backblech ziehen und in den vorgeheizten Backofen schieben. Den Boden **etwa 15 Minuten backen**. Beiden anderen Böden ebenso backen.

5. Die Böden sofort nach dem Backen mit dem Backpapier vom Backblech ziehen und ohne Backpapier auf einem Kuchenrost erkalten lassen.

6. Für die Kirschfüllung von den Sauerkirschen den Saft auffangen und 250 ml davon abmessen, evtl. mit Wasser auffüllen. Die Speisestärke mit Vanillin-Zucker mischen, mit 4 Esslöffeln von dem Saft anrühren. Den restlichen Saft in einem Topf zum Kochen bringen. Angerührte Speisestärke in den von der Kochstelle genommenen Saft rühren und unter Rühren aufkochen lassen. Kirschen unterrühren. Masse erkalten lassen.

7. Für die Sahnefüllung Sahne mit einem Mixer (Rührstäbe) mit Zucker, Vanillin-Zucker und Sahnesteif steif schlagen. 5 Esslöffel der Sahne in einen Spritzbeutel mit großer Sterntülle (Ø 12 mm) füllen. Einen der Böden zunächst mit der Kirschmasse (etwa 1 cm am Rand frei lassen) bestreichen, dann einen Sahnering auf den äußeren Rand spritzen. Diesen mit etwas Sahne ausstreichen und mit dem zweiten Boden belegen. Nochmals einen Sahnering auf den äußeren Rand spritzen und mit der restlichen Sahne ausstreichen.

8. Für den Guss Gelee in einem Topf unter Rühren aufkochen lassen. Den dritten Boden damit bestreichen, Gelee fest werden lassen. Puderzucker mit Zitronensaft zu einer dickflüssigen Masse verrühren. Den Puderzuckerguss auf den mit Gelee bestrichenen Boden streichen und fest werden lassen. Dann den Boden in 12 Tortenstücke schneiden und auf die Sahne legen.

HOLUNDER-APFEL-TORTE

Zubereitungszeit: 60 Minuten, ohne Kühlzeit
Backzeit: 35–40 Minuten

ZUTATEN FÜR 16 STÜCKE

FÜR DEN KNETTEIG:

150 g Weizenmehl
100 g Butter oder Margarine (zimmerwarm)
50 g Puderzucker

FÜR DEN BISKUITTEIG:

3 Eier (Größe M)
100 g Zucker, 1 Pck. Vanillin-Zucker
80 g Weizenmehl
1 gestr. TL Backpulver
25 g Speisestärke

FÜR DIE FÜLLUNG:

750 g Äpfel, z. B. Elstar, Cox Orange
1 EL Zucker

etwa 2 EL Quittengelee zum Bestreichen

250 ml Holundersaft (Handelsware)
150 ml Apfelsaft, klar
1 Pck. Pudding-Pulver Vanille-Geschmack
30 g Zucker
4 Blatt weiße Gelatine
250 g Schlagsahne (mind. 30 % Fett)
200 g Schmand (Sauerrahm)
30 g Zucker

FÜR DEN GUSS:

150 ml Holundersaft (Handelsware)
100 ml Apfelsaft, klar
1 Pck. ungezuckerter Tortenguss, klar
1 EL Zucker

NACH BELIEBEN ZUM VERZIEREN:

150 g Schlagsahne (mind. 30 % Fett)
1 Pck. Sahnesteif
1 Pck. Vanillin-Zucker

PRO STÜCK:

E: 5 g, F: 15 g, Kh: 42 g, kcal: 321

1. Für den Knetteig Mehl in eine Rührschüssel geben. Restliche Zutaten hinzufügen und mit einem Mixer (Knethaken) zunächst kurz auf niedrigster, dann auf höchster Stufe zu einem glatten Teig verarbeiten. Den Teig in Frischhaltefolie gewickelt etwa 30 Minuten kalt stellen.

2. Den Backofen vorheizen.
Ober-/Unterhitze: etwa 180 °C
Heißluft: etwa 160 °C

3. Den Teig auf dem Boden einer Springform (Ø 26 cm, gefettet) ausrollen. Den Teigboden mehrmals mit einer Gabel einstechen. Einen Springformrand darumstellen. Die Form auf dem Rost in den vorgeheizten Backofen schieben. Den Knetteigboden **10–15 Minuten backen.** Den Teigboden sofort vom Springformboden lösen, und auf einem Kuchenrost erkalten lassen.

4. Für den Biskuitteig Eier in einer Rührschüssel mit dem Mixer (Rührstäbe) auf höchster Stufe in 1 Minute schaumig schlagen. Zucker in 1 Minute einstreuen, dann noch etwa 2 Minuten schlagen. Mehl mit Backpulver und Speisestärke mischen, kurz auf niedrigster Stufe unterrühren. Den Teig in die Springform (Ø 26 cm, mit Backpapier belegt) geben und glatt streichen. Die Form auf dem Rost in den heißen Backofen (unteres Drittel) schieben. Den Biskuitboden **bei gleicher Backofentemperatur etwa 25 Minuten backen.**

5. Den Biskuitboden aus der Form lösen und auf einen mit Backpapier belegten Kuchenrost stürzen, erkalten lassen. Mitgebackenes Backpapier entfernen.

6. Für die Füllung Äpfel schälen, vierteln, entkernen und in dünne Spalten schneiden. Apfelspalten mit dem Zucker in einem Topf unter Rühren dünsten, erkalten lassen.

7. Den Knetteigboden auf eine Tortenplatte legen und mit Gelee bestreichen. Den Biskuitboden einmal waagerecht durchschneiden. Den unteren Boden auf den Knetteigboden legen. Einen Tortenring darumstellen. Apfelspalten auf dem unteren Biskuitboden verteilen.

8. Aus Holunder-, Apfelsaft, Pudding-Pulver und Zucker einen Pudding nach Packungsanleitung, aber mit der hier angegebenen Saftmenge, zubereiten. Den warmen Pudding auf die Apfelspalten geben und glatt streichen. Die Torte etwa 1 Stunde in den Kühlschrank stellen.

9. Gelatine nach Packungsanleitung einweichen. Sahne mit dem Mixer (Rührstäbe) steif schlagen. Schmand mit Zucker verrühren. Gelatine leicht ausdrücken, in einem kleinen Topf unter Rühren auflösen. Gelatine zuerst mit 2–3 Esslöffeln der Schmandmasse verrühren, dann unter die restliche Schmandmasse rühren. Danach die Sahne unterheben.

10. Die Schmand-Sahne-Creme auf den Pudding geben und glatt streichen. Den oberen Biskuitboden darauflegen und leicht andrücken. Die Torte etwa 2 Stunden in den Kühlschrank stellen.

11. Für den Guss aus Holunder-, Apfelsaft, Tortengusspulver und Zucker einen Guss nach Packungsanleitung zubereiten. Den Guss vorsichtig auf dem oberen Biskuitboden verteilen. Die Torte nochmals etwa 30 Minuten kalt stellen. Tortenring lösen und entfernen.

12. Evtl. Sahne mit einem Mixer (Rührstäbe) mit Sahnesteif und Vanillin-Zucker steif schlagen, in einen Spritzbeutel mit Sterntülle (Ø 10 mm) füllen. Den oberen Tortenrand damit verzieren.

HOLUNDER-PANNACOTTA-TORTE

● Zubereitungszeit: 40 Minuten, ohne Kühlzeit
Backzeit: etwa 15 Minuten
▲ Mit Alkohol

ZUTATEN FÜR 14 STÜCKE

FÜR DEN BODEN:

1 geh. TL gesiebtes Kakaopulver
50 g Dinkelmehl (Type 630)
25 g Zartbitter-Kuvertüre oder -schokolade (etwa 50 % Kakaoanteil)
25 g Butter
3 Eier (Größe M)
75 g Zucker

FÜR DIE PANNACOTTA-CREME:

1 Vanilleschote
70 g Zucker
1 Pck. Bourbon-Vanille-Zucker
850 g Schlagsahne (mind. 30 % Fett)
7–8 Blatt weiße Gelatine
3 EL Mandellikör oder -aroma

FÜR DEN HOLUNDER-SPIEGEL:

3–4 Blatt weiße Gelatine
200 ml Holunder-Muttersaft (z. B. aus dem Reformhaus oder Drogeriemarkt)
100 ml Apfel-Direktsaft
4 EL Zitronensaft
30 g Puderzucker

PRO STÜCK:

E: 5 g, F: 23 g, Kh: 21 g, kcal: 313

1. Den Backofen vorheizen.
Ober-/Unterhitze: etwa 180 °C
Heißluft: etwa 160 °C

2. Für den Boden Kakao und Mehl mischen. Kuvertüre in Stücke hacken, mit der Butter in einem kleinen Topf im heißen Wasserbad bei schwacher Hitze unter Rühren schmelzen, etwas abkühlen lassen.

3. Eier trennen. Eiweiß und 1 Prise Salz mit dem Mixer (Rührstäbe) sehr steif schlagen, Zucker dabei nach und nach einrieseln lassen. Eigelb kurz unter den Eischnee rühren. Mehlmischung unterheben. Kuvertüre kurz unterrühren.

4. Den Teig in eine Springform (Ø 24–26 cm, mit Backpapier belegt) geben und glatt streichen. Die Form auf dem Rost in den vorgeheizten Backofen schieben. Den Gebäckboden **etwa 15 Minuten backen.**

5. Die Form auf einen Kuchenrost stellen. Den Boden in der Form erkalten lassen.

6. Für die Creme Vanilleschote längs aufschneiden, das Mark mit dem Messerrücken herausschaben. Vanillemark und -schote mit Zucker, Vanille-Zucker und 500 g Sahne in einen Topf geben und unter Rühren zum Kochen bringen. Die Vanillesahne bei schwacher Hitze etwa 10 Minuten kochen lassen.

7. In der Zwischenzeit Gelatine nach Packungsanleitung einweichen. Die Vanillesahne etwas abkühlen lassen. Vanilleschote entfernen. Eingeweichte Gelatine ausdrücken und in der warmem Sahne unter Rühren auflösen. Mandellikör oder -aroma unterrühren.

8. Pannacotta in eine Schüssel füllen und in den Kühlschrank stellen, bis die Creme anfängt zu gelieren, dabei öfter durchrühren. (Etwas rascher geht es, wenn Sie die Schüssel in ein kaltes Wasserbad setzen, Creme regelmäßig durchrühren, bis sie geliert).

9. Den Gebäckboden aus der Form lösen, mitgebackenes Backpapier abziehen. Den Boden auf eine Tortenplatte setzen und einen Tortenring darumstellen. Restliche Sahne mit dem Mixer

(Rührstäbe) steif schlagen. Sobald die Panna-cotta-Creme anfängt dicklich zu werden, Sahne vorsichtig unterheben. Die Creme auf dem Boden verteilen. Die Torte mindestens 2 Stunden in den Kühlschrank stellen.

10. Inzwischen für den Fruchtspiegel Gelatine nach Packungsanleitung einweichen. Holunder-, Apfel- und Zitronensaft sowie Puderzucker in einem kleinen Topf verrühren und unter Rühren kurz aufkochen lassen. Den Topf von der Kochstelle nehmen, Saft kurz abkühlen lassen. Eingeweichte Gelatine ausdrücken und in dem warmen Saft unter Rühren auflösen. Den Saft kalt stellen, bis er anfängt zu gelieren.

11. Den gelierenden Fruchtsaft vorsichtig auf die Tortenoberfläche füllen und glatt streichen. Torte mit Frischhaltefolie belegt im Kühlschrank mindestens weitere 2 Stunden, besser 3–4 Stunden, gut durchkühlen und gelieren lassen. Vor dem Anrichten Tortenring vorsichtig lösen und entfernen.

JOHANNISBEERSCHNITTEN MIT BAISER

Zubereitungszeit: 50 Minuten, ohne Kühlzeit
Backzeit: 20–25 Minuten
Grillzeit: 5–6 Minuten

ZUTATEN FÜR 8 STÜCKE

FÜR DEN KNETTEIG:

125 g Weizenmehl
30 g Zucker
1 Pck. Vanillin-Zucker
100 g Butter oder Margarine (zimmerwarm)

FÜR DEN BISKUITTEIG:

40 g Butter
2 Eier (Größe M)
75 g Zucker
75 g Weizenmehl
25 g Speisestärke

ZUM BESTREICHEN:

2 EL Johannisbeerkonfitüre oder -gelee

FÜR DEN BELAG:

30 g Speisestärke
25 g Zucker
2 Pck. Vanillin-Zucker
2 Eigelb (Größe M)
200 ml Milch (3,5 % Fett)
200 g Schlagsahne
50 g Butter

FÜR DAS BAISER:

300 g frische, rote Johannisbeeren
2 Eiweiß (Größe M)
75 g Zucker

PRO STÜCK:

E: 8 g, F: 32 g, Kh: 63 g, kcal: 580

1. Für den Knetteig Mehl in eine Rührschüssel geben. Zucker, Vanillin-Zucker und Butter oder Margarine hinzufügen. Die Zutaten mit einem Mixer (Knethaken) zunächst kurz auf niedrigster, dann auf höchster Stufe gut durcharbeiten.

2. Anschließend auf der bemehlten Arbeitsfläche kurz zu einem Teig verkneten. Den Teig in Frischhaltefolie gewickelt etwa 30 Minuten in den Kühlschrank legen.

3. Den Backofen vorheizen.
Ober-/Unterhitze: etwa 200 °C
Heißluft: etwa 180 °C

4. Dann den Teig auf der bemehlten Arbeitsfläche zu einem Rechteck (etwa 20 x 30 cm) ausrollen und auf ein Backblech (30 x 40 cm, mit Backpapier belegt) legen. Den Teig mehrmals mit einer Gabel einstechen. Das Backblech in den vorgeheizten Backofen schieben. Den Gebäckboden **etwa 10 Minuten backen.**

5. Das Backblech auf einen Kuchenrost stellen. Den Gebäckboden erkalten lassen. Die Backofentemperatur um etwa 20 °C herunterschalten.

6. Für den Biskuitteig Butter zerlassen und abkühlen lassen. Eier mit dem Mixer (Rührstäbe) auf höchster Stufe in 1 Minute schaumig schlagen. Zucker in 1 Minute einstreuen, dann noch etwa 2 Minuten schlagen. Mehl mit Speisestärke mischen und kurz auf niedrigster Stufe unterrühren. Die flüssige Butter vorsichtig unterheben.

7. Einen Backrahmen von etwa 20 x 30 cm auf ein Backblech (30 x 40 cm, gefettet, mit Backpapier belegt) setzen. Den Biskuitteig in den Backrahmen geben und glatt streichen. Das Backblech in den heißen Backofen schieben. Den Biskuitboden **10–15 Minuten backen.**

8. Die Biskuitplatte mit einem Messer vom Backrahmen lösen und auf einen mit Backpapier belegten Kuchenrost stürzen. Biskuit erkalten lassen. Mitgebackenes Backpapier abziehen.

9. Zum Bestreichen den Knetteigboden auf ein Backblech legen und mit Konfitüre oder -gelee bestreichen. Biskuit darauflegen, andrücken.

10. Für den Belag Speisestärke mit Zucker, Vanillin-Zucker, Eigelb und 4 Esslöffeln Milch anrühren. Die restliche Milch und Sahne in einem Topf zum Kochen bringen. Angerührte Speisestärke in die von der Kochstelle genommene Sahnemilch rühren und unter Rühren kurz aufkochen lassen. Butter unterrühren.

11. Puddingmasse etwas abkühlen lassen. Die Puddingmasse auf die Biskuitplatte geben, glatt streichen und etwa 1 Stunde in den Kühlschrank stellen.

12. Den Backofengrill vorheizen.

13. Für das Baiser die Johannisbeeren abspülen, gut abtropfen lassen, entstielen, in ein Sieb geben und nochmals gut abtropfen lassen. Eiweiß mit dem Mixer (Rührstäbe) auf höchster Stufe steif schlagen. Der Schnee muss so fest sein, dass ein Messerschnitt sichtbar bleibt. Nach und nach Zucker kurz unterschlagen. Die Johannisbeeren unterheben und die Johannisbeer-Baiser-Masse vorsichtig auf der Puddingmasse verteilen.

14. Das Backblech auf der untersten Schiene in den vorgeheizten Backofen schieben. Das Baiser 5–6 Minuten grillen, bis das Baiser gebräunt ist. Johannisbeerschnitten erkalten lassen.

KÄSEKUCHEN OHNE BODEN

Zubereitungszeit: 15 Minuten, ohne Kühlzeit
Backzeit: 55–60 Minuten

ZUTATEN FÜR 16 STÜCKE

4 Eier (Größe M)
130 g Zucker
2 Pck. Pudding-Pulver Vanille-Geschmack
400 ml Milch (3,5 % Fett)
Saft und abger. Schale von ½ Bio-Zitrone (unbehandelt, ungewachst)
500 g Magerquark
250 g Speisequark (40 % Fett)
1 Espressotasse (60 ml) Sonnenblumenöl

ZUM BESTÄUBEN:

evtl. 1–2 TL Puderzucker

PRO STÜCK:

E: 8 g, F: 8 g, Kh: 15 g, kcal: 169

1. Eine gut schließende Springform (Ø 26 cm) mit Backpapier belegen und von außen mit zwei Lagen Alufolie umwickeln, da die Creme sehr flüssig ist. Den Backofen vorheizen.
Ober-/Unterhitze: etwa 180 °C
Heißluft: etwa 160 °C

2. Eier und Zucker mit einem Mixer (Rührstäbe) auf höchster Stufe schaumig schlagen. Pudding-Pulver mit Milch glatt verrühren, mit Zitronensaft und -schale unter den Eierschaum rühren.

3. Mager- und Sahnequark mit dem Sonnenblumenöl glatt verschlagen. Zur Eier-Pudding-Masse geben und alles zu einer glatten Creme verrühren. Die Creme in die vorbereitete Form füllen. Die Form auf dem Rost in den vorgeheizten Backofen (unterste Schiene) schieben. Den Käsekuchen **in 55–60 Minuten zartbraun backen.**

4. Die Form vorsichtig aus dem Backofen nehmen und auf einen Kuchenrost stellen. Den Kuchen in der Form vollständig erkalten lassen.

5. Den Käsekuchen aus der Form lösen und mithilfe einer großen Kuchenpalette auf eine Tortenplatte setzen.

6. Den Kuchen vor dem Servieren mindestens 1 Stunde in den Kühlschrank stellen. Nach Belieben mit Puderzucker bestäubt servieren.

KAISERWINKEL-TORTE

Zubereitungszeit: 35 Minuten, ohne Abkühlzeit
Backzeit: etwa 70 Minuten

ZUTATEN FÜR 12 STÜCKE

FÜR DEN RÜHRTEIG:

100 g Butter oder Margarine (zimmerwarm)
75 g Zucker
1 Pck. Vanillin-Zucker
1 Ei (Größe M)
1 Eigelb (Größe M)
120 g Weizenmehl
1 gestr. TL Backpulver

FÜR DEN BELAG:

480 g abgetropfte Aprikosenhälften (aus der Dose)
50 g Butter
500 g Speisequark (20 % Fett)
75 g Zucker
2 Eigelb (Größe M)
1 Pck. Pudding-Pulver Vanille-Geschmack
3 Eiweiß (Größe M)
1 Prise Salz, 1 TL Zucker

PRO STÜCK:

E: 9 g, F: 15 g, Kh: 32 g, kcal: 301

1. Den Backofen vorheizen.
Ober-/Unterhitze: etwa 180 °C
Heißluft: etwa 160 °C

2. Für den Teig Butter oder Margarine in einer Rührschüssel mit einem Mixer (Rührstäbe) geschmeidig rühren. Nach und nach Zucker und Vanillin-Zucker unterrühren. So lange rühren, bis eine gebundene Masse entstanden ist.

3. Ei und Eigelb nach und nach unterrühren (jedes Ei/Eigelb etwa ½ Minute). Mehl und Backpulver mischen, auf mittlerer Stufe unter den Teig rühren. Den Teig in eine Springform (Ø 26 cm, gefettet) geben und glatt streichen.

4. Für den Belag Aprikosenhälften in einem Sieb abtropfen lassen. Butter zerlassen und etwas abkühlen lassen.

5. Quark mit Zucker, Eigelb, Butter und Pudding-Pulver verrühren. Eiweiß mit 1 Prise Salz und Zucker steif schlagen und unter die Quarkmasse heben.

6. Die Aprikosenhälften auf den Teig legen, dabei einen etwa 1 cm breiten Rand frei lassen. Die Quarkmasse auf den Aprikosenhälften verteilen und glatt streichen. Die Form auf dem Rost in den vorgeheizten Backofen schieben. Die Torte **etwa 70 Minuten backen.**

7. Die fertige Torte noch etwa 10 Minuten bei leicht geöffneter Backofentür im ausgeschalteten Backofen stehen lassen.

8. Die Form auf einen Kuchenrost stellen. Die Torte etwa 15 Minuten in der Form stehen lassen, dann aus der Form lösen und auf dem Kuchenrost erkalten lassen.

KARTOFFEL-APRIKOSEN-GUGELHUPF

- Zubereitungszeit: 35 Minuten, ohne Durchzieh- und Abkühlzeit
  Backzeit: etwa 60 Minuten
- ▲ Mit Alkohol

ZUTATEN FÜR 20 STÜCKE

ZUM VORBEREITEN:

50 g getrocknete Aprikosen
3 EL Aprikosenlikör
250 g gekochte Pellkartoffeln

FÜR DEN BISKUITTEIG:

5 Eier (Größe M)
125 g Zucker
1 Pck. Vanillin-Zucker
1 Fläschchen Butter-Vanille-Aroma
½ Fläschchen Rum-Aroma
1 TL Geriebene Zitronenschale
100 g Weizenmehl
1 Msp. Backpulver
75 g gem. Haselnusskerne
50 g Weizengrieß

FÜR DIE FORM:

gem. Haselnusskerne

ZUM BESTÄUBEN:

etwas Puderzucker

PRO STÜCK:

E: 4 g, F: 4 g, Kh: 17 g, kcal: 131

1. Zum Vorbereiten Aprikosen fein würfeln, mit Likör tränken und eine Zeit lang zugedeckt durchziehen lassen. Pellkartoffeln pellen und durch eine Kartoffelpresse drücken.

2. Den Backofen vorheizen.
Ober-/Unterhitze: etwa 180 °C
Heißluft: etwa 160 °C

3. Für den Teig Eier mit einem Mixer (Rührstäbe) auf höchster Stufe in 1 Minute schaumig schlagen. Zucker und Vanillin-Zucker mischen, in 1 Minute unter Rühren einstreuen und noch 2 Minuten weiterschlagen.

4. Aromen und Zitronenschale kurz unterrühren. Mehl mit Backpulver mischen, auf die Eiercreme geben und kurz auf niedrigster Stufe unterrühren.

5. Haselnusskerne mit Grieß, Aprikosenwürfeln und Kartoffeln mischen und auf niedrigster Stufe vorsichtig kurz unterrühren. Den Teig in eine Gugelhupfform (Ø 22 cm, gefettet, mit Haselnusskernen ausgestreut) füllen und verstreichen.

6. Die Form auf dem Rost in den vorgeheizten Backofen schieben und den Kuchen **etwa 60 Minuten backen.**

7. Das Gebäck etwa 10 Minuten in der Form stehen lassen, dann auf einen mit Backpapier belegten Kuchenrost stürzen und erkalten lassen. Anschließend das Gebäck mit Puderzucker bestäuben.

KARTOFFELKUCHEN VOM BLECH

Zubereitungszeit: 35 Minuten, ohne Teiggehzeit
Backzeit: 25–30 Minuten

ZUTATEN FÜR 20 STÜCKE

ZUM VORBEREITEN FÜR DEN BELAG:

700 g Kartoffeln

FÜR DEN HEFETEIG:

150 ml Milch (3,5 % Fett)
75 g Butter oder Margarine
300 g Weizenmehl
1 Pck. Trockenbackhefe
40 g Zucker
1 Pck. Vanillin-Zucker

FÜR DEN BELAG:

375 g Crème fraîche
2 Eier (Größe M)
60 g Zucker
abger. Schale und Saft von ½ Bio-Zitrone (unbehandelt, ungewachst)
100 g Rosinen
50 g gehobelte Mandeln
30 g Zimt-Zucker
50 g Butter (zimmerwarm)

PRO STÜCK:

E: 4 g, F: 13 g, Kh: 26 g, kcal: 244

1. Zum Vorbereiten für den Belag Kartoffeln waschen, schälen, abspülen, in leicht gesalzenem Wasser in einem Topf zum Kochen bringen und etwa 20 Minuten kochen lassen.

2. Kartoffeln abgießen und sofort durch eine Kartoffelpresse drücken. Kartoffelmasse erkalten lassen.

3. Für den Teig Milch in einem kleinen Topf erwärmen. Butter oder Margarine darin zerlassen.

4. Mehl in eine Rührschüssel geben und mit der Trockenbackhefe sorgfältig vermischen. Zucker, Vanillin-Zucker und 1 Prise Salz hinzufügen. Die Zutaten mit einem Mixer (Knethaken) zunächst kurz auf niedrigster, dann auf höchster Stufe in etwa 5 Minuten zu einem glatten Teig verarbeiten. Den Teig mit Mehl bestäuben und zugedeckt so lange an einem warmen Ort gehen lassen, bis er sich sichtbar vergrößert hat (etwa 30 Minuten).

5. In der Zwischenzeit für den Belag Crème fraîche, Eier, Zucker, Zitronenschale und -saft zu der Kartoffelmasse geben und gut unterrühren.

6. Den gegangenen Teig leicht mit Mehl bestäuben, aus der Schüssel nehmen und auf einem Backblech (30 x 40 cm, gefettet) ausrollen. Rosinen gleichmäßig auf dem Teig verteilen und leicht eindrücken. Die Kartoffelmasse daraufgeben und glatt streichen. Mandeln darauf verteilen. Mit Zimt-Zucker bestreuen und Butter in Flöckchen daraufgeben. Den Teig nochmals zugedeckt so lange an einem warmen Ort gehen lassen, bis er sich sichtbar vergrößert hat (etwa 30 Minuten).

7. Den Backofen vorheizen.
Ober-/Unterhitze: etwa 200 °C
Heißluft: etwa 180 °C

8. Das Backblech in den vorgeheizten Backofen schieben. Den Kartoffelkuchen **25–30 Minuten backen.**

9. Das Backblech auf einen Kuchenrost stellen. Den Kartoffelkuchen erkalten lassen.

TIPP:

Statt Rosinen Korinthen verwenden.

KARTOFFEL-MARZIPAN-TORTE

Zubereitungszeit: 60 Minuten, ohne Kühlzeit
Backzeit: 25–30 Minuten

ZUTATEN FÜR 12 STÜCKE

ZUM VORBEREITEN:

250 g Kartoffeln

FÜR DEN BISKUITTEIG:

3 Eier (Größe M)
150 g Zucker
1 Pck. Vanillin-Zucker
75 g Weizenmehl
50 g Speisestärke
2 gestr. TL Backpulver
100 g abgezogene, gem. Mandeln

FÜR DIE FÜLLUNG:

80 g Zucker
400 ml Milch (3,5 % Fett)
4 Blatt weiße Gelatine
1 Pck. Pudding-Pulver Sahne-Geschmack
1 EL Zucker
250 g Schlagsahne (mind. 30 % Fett)

ZUM BESTREICHEN:

4 EL Aprikosenkonfitüre oder Quittengelee

FÜR DEN BELAG:

200 g Marzipan-Rohmasse
60 g gesiebter Puderzucker

etwa 40 g Zartbitter-Schokolade (etwa 50 % Kakaoanteil)
½ TL Speiseöl

PRO STÜCK:

E: 9 g, F: 23 g, Kh: 57 g, kcal: 477

1. Zum Vorbereiten Kartoffeln waschen, schälen, abspülen, abtropfen lassen. Kartoffeln mit Wasser bedeckt (ohne Salz) zum Kochen bringen und zugedeckt etwa 25 Minuten garen. Kartoffeln abgießen, abdämpfen und sofort durch eine Kartoffelpresse drücken. Kartoffelmasse zugedeckt erkalten lassen.

2. Den Backofen vorheizen.
Ober-/Unterhitze: etwa 180 °C
Heißluft: etwa 160 °C

3. Für den Teig Eier in einer Rührschüssel mit einem Mixer (Rührstäbe) auf höchster Stufe in 1 Minute schaumig schlagen. Zucker mit Vanillin-Zucker und 1 Prise Salz mischen, in 1 Minute einstreuen, dann noch etwa 2 Minuten schlagen.

4. Mehl mit Speisestärke und Backpulver mischen, auf die Eiercreme geben und kurz auf niedrigster Stufe unterrühren. Mandeln vorsichtig unterrühren. Kartoffelmasse unterheben. Den Teig in eine Springform (Ø 26 cm, mit Backpapier belegt) geben und glatt streichen. Die Form auf dem Rost in den vorgeheizten Backofen (unteres Drittel) schieben. Den Biskuitboden **25–30 Minuten backen.**

5. Den Biskuitboden aus der Form lösen und auf einen mit Backpapier belegten Kuchenrost stürzen. Biskuitboden erkalten lassen. Mitgebackenes Backpapier entfernen.

6. Für die Füllung Zucker in einem Topf bei mittlerer Hitze hellbraun karamellisieren lassen. 300 ml der Milch hinzugießen, bei schwacher Hitze unter Rühren aufkochen lassen, bis sich der Karamell aufgelöst hat. Gelatine nach Packungsanleitung einweichen.

7. Pudding-Pulver mit Zucker und der restlichen Milch (100 ml) anrühren. Angerührtes Pudding-Pulver in die von der Kochstelle genommene Karamellmilch rühren und unter Rühren gut aufkochen lassen. Den Topf von der Kochstelle nehmen. Eingeweichte Gelatine leicht ausdrücken und in dem Pudding unter Rühren auflösen.

Pudding unter mehrmaligem Rühren erkalten lassen. Sahne mit einem Mixer (Rührstäbe) steif schlagen und unter den Pudding heben.

8. Den Biskuitboden einmal waagerecht durchschneiden. Den unteren Boden auf eine Tortenplatte legen und mit der Hälfte der Konfitüre oder des Gelees bestreichen. Einen Tortenring darumstellen. Die Karamell-Sahne-Creme daraufgeben und glatt streichen. Den oberen Boden darauflegen. Restliche Konfitüre durch ein Sieb passieren. Den oberen Tortenboden mit der Konfitüre oder dem Gelee bestreichen. Die Torte etwa 2 Stunden in den Kühlschrank stellen. Tortenring lösen und entfernen.

9. Für den Belag Marzipan mit Puderzucker verkneten. gut drei Viertel davon auf einer mit Puderzucker bestäubten Arbeitsfläche zu einer runden Platte (Ø etwa 26 cm) ausrollen und so auf die Tortenoberfläche legen, dass auch der Rand etwa 1 cm abgedeckt ist. Evtl. mit einem Teigrädchen die Tortenoberfläche in Tortenstücke einteilen.

10. Restliches Marzipan dünn ausrollen und kleine Rosetten ausstechen.

11. Schokolade in Stücke brechen, mit Speiseöl in einem kleinen Topf im heißen Wasserbad bei schwacher Hitze unter Rühren schmelzen. Die Rosetten mit etwas von der flüssigen Schokolade befestigen. Die Kartoffel-Marzipan-Torte mit der restlichen Schokolade verzieren. Schokolade fest werden lassen.

TIPP:

Wenn es schnell gehen soll, für die Marzipandecke Marzipan von der Rolle verwenden.

KIRCHWEIH-KÜRBIS-KUCHEN

Zubereitungszeit: 50 Minuten, ohne Abkühlzeit
Backzeit: etwa 45 Minuten

ZUTATEN FÜR 20 STÜCKE

FÜR DEN KÜRBISTEIG:

500 g Hokkaido-Kürbis (etwa 350 g Fruchtfleisch)
200 g Butter (zimmerwarm)
1 TL gem. Zimt
1 EL flüssiger Honig
100 ml Orangensaft
200 g feiner Zucker
4 Eier (Größe M)
225 g Weizenmehl
3 gestr. TL Backpulver
100 g gehackte Haselnusskerne

FÜR DEN GRIESSGUSS:

600 ml Milch (3,5 % Fett)
175 g Zucker
1 Pck. Vanillin-Zucker
2 EL Butter
80 g Weichweizengrieß
1 Bio-Zitrone (unbehandelt, ungewachst)
evtl. einige Tropfen Butter-Vanille-Aroma
4 Eier (Größe M)
1 Prise Salz

ZUSÄTZLICH:

100 g gehobelte Haselnusskerne

PRO STÜCK:

E: 7 g, F: 19 g, Kh: 34 g, kcal: 341

1. Für den Teig Kürbis putzen, abspülen und abtrocknen. Den Kürbis halbieren oder in Spalten schneiden und das weiche Innere und die Kerne herausschneiden bzw. mit einem Löffel herauskratzen. 350 g Fruchtfleisch abwiegen und würfeln. Kürbiswürfel mit 1 Esslöffel Butter und Zimt in einem kleinen Topf andünsten. Honig hinzugeben, kurz schmelzen und karamellisieren lassen. Orangensaft hinzugießen. Den Kürbis zugedeckt bei schwacher Hitze zum Kochen bringen und sehr weich kochen lassen.

2. Kürbiswürfel in einem Sieb abtropfen lassen, dabei den Honig-Orangensaft-Fond auffangen. Kürbiswürfel mit etwa 2 Esslöffeln von dem Fond fein pürieren. 275 g Püree abwiegen und abkühlen lassen.

3. Für den Guss in der Zwischenzeit Milch mit 100 g Zucker, Vanillin-Zucker und Butter in einem Topf unter Rühren aufkochen. Den Grieß nach und nach einrieseln lassen, unter Rühren einmal kräftig aufkochen. Den Topf von der Kochstelle nehmen. Den Grieß etwa 5 Minuten ausquellen lassen, dabei gelegentlich gut durchrühren.

4. Zitrone heiß abwaschen, abtrocknen und die Schale fein abreiben. Die Zitrone halbieren und den Saft auspressen. Zitronenschale und -saft und evtl. Butter-Vanille-Aroma unter die Grießmasse rühren.

5. Eier trennen, Eigelb einzeln gut unter den noch warmen Grieß rühren. Eiweiß mit 1 Prise Salz aufschlagen, dabei nach und nach restlichen Zucker (75 g) einrieseln lassen und alles zu einer cremigen Eischneemasse aufschlagen. Eischneemasse unter die Grießmasse heben.

6. Den Backofen vorheizen.
Ober-/Unterhitze: etwa 180 °C
Heißluft: etwa 160 °C

7. Für den Kürbisteig restliche Butter mit 1 guten Prise Salz und Zucker mit dem Mixer (Rührstäbe) auf höchster Stufe hellcremig aufschlagen.
Die Eier einzeln unterrühren (jedes Ei etwa ½ Minute). Mehl mit Backpulver und Nusskernen mischen. Mehlgemisch im Wechsel mit dem Kürbispüree kurz unter die Butter-Eier-Masse rühren.

8. Den Teig in eine Fettpfanne (30 x 40 cm, gefettet, mit Backpapier belegt) glatt verstreichen. Den Grießguss darauf verteilen und mit einer Teigkarte glatt verstreichen. Mit Haselnusskernen bestreuen.

9. Das Backblech in den vorgeheizten Backofen (untere Schiene) schieben. Den Kuchen **in etwa 45 Minuten goldbraun backen.**

10. Das Backblech auf einen Kuchenrost stellen. Den Kuchen darauf erkalten lassen, in Stücke schneiden und auf einer Platte anrichten.

TIPP:

Außer dem süßlich-aromatischen Hokkaido-Kürbis eignet sich für diesen Kuchen auch Butternut-Kürbis. Dieser muss allerdings zusätzlich geschält werden.

KIRSCH-BLECHKUCHEN

Zubereitungszeit: 45 Minuten, ohne Abkühlzeit
Backzeit: 40–45 Minuten

ZUTATEN FÜR 20 STÜCKE

FÜR DEN KNETTEIG:

325 g Weizenmehl
125 g Speisestärke
½ gestr. TL Backpulver
150 g Zucker
1 Ei (Größe M)
200 g Butter oder Margarine
2–3 EL kaltes Wasser

FÜR DEN BELAG:

2 Pck. Pudding-Pulver Vanille-Geschmack oder 75 g Speisestärke
600 ml Milch (3,5 % Fett)
175 g Zucker
2 Pck. Vanillin-Zucker
750 g Magerquark
4 Eigelb (Größe M)
1 Pck. Geriebene Zitronenschale
4 EL Zitronensaft
5 Eiweiß (Größe M)
740 g gut abgetropfte Kaiserkirschen oder Süßkirschen (aus dem Glas) oder 700 g gut abgetropfte Schattenmorellen (aus dem Glas)

ZUM BESTREICHEN:

1 Eigelb
2 EL Kondensmilch

PRO STÜCK:

E: 10 g, F: 12 g, Kh: 48 g, kcal: 347

1. Den Backofen vorheizen.
Ober-/Unterhitze: etwa 200 °C
Heißluft: etwa 180 °C

2. Für den Teig Mehl mit Speisestärke und Backpulver in einer Rührschüssel mischen. Zucker, 1 Prise Salz, Ei, Butter oder Margarine und Wasser hinzufügen. Die Zutaten mit einem Mixer (Knethaken) zunächst kurz auf niedrigster, dann auf höchster Stufe kurz feinkrümelig durcharbeiten.

3. Anschließend den Teig auf der leicht bemehlten Arbeitsfläche kurz verkneten, dann in einer Fettpfanne (30 x 40 cm, gefettet) ausrollen, Teig mit einer Gabel mehrfach einstechen. Die Fettpfanne in den vorgeheizten Backofen schieben. Die Gebäckplatte **etwa 15 Minuten vorbacken.**

4. Die Fettpfanne auf einen Kuchenrost stellen. Die Gebäckplatte etwas abkühlen lassen.

5. Für den Belag Pudding-Pulver mit etwas von der Milch anrühren. Restliche Milch, Zucker und Vanillin-Zucker in einem großen Topf zum Kochen bringen. Angerührtes Pudding-Pulver in die von der Kochstelle genommene Milch rühren und unter Rühren kurz aufkochen lassen.

6. Quark mit Eigelb, Zitronenschale und -saft verrühren, in den heißen Pudding rühren und nochmals unter Rühren kurz aufkochen lassen. Den Topf von der Kochstelle nehmen. Eiweiß mit dem Mixer (Rührstäbe) sehr steif schlagen und unter die heiße Quarkmasse ziehen.

7. Die Kirschen auf der vorgebackenen Gebäckplatte verteilen. Die Quark-Pudding-Masse daraufgeben und glatt streichen. Eigelb und Kondensmilch verschlagen. Die Oberfläche mit der Eigelbmilch dünn bestreichen.

8. Die Fettpfanne wieder in den heißen Backofen (unterste Schiene) schieben. Den Kuchen **bei gleicher Backofentemperatur in 25–30 Minuten goldbraun fertig backen.**

9. Die Fettpfanne auf einen Kuchenrost stellen und den Kirsch-Blechkuchen darauf erkalten lassen.

KIRSCH-INGWER-SCHNECKEN

Zubereitungszeit: 50 Minuten, ohne Teiggehzeit
Backzeit: etwa 30 Minuten je Backblech

ZUTATEN FÜR 12 STÜCK

FÜR DEN HEFETEIG:

120 ml Milch (3,5 % Fett), 300 g Weizenmehl
50 g Zucker, ½ Pck. (21 g) frische Hefe
60 g Butter oder Margarine (zimmerwarm)
1 Ei (Größe M)

FÜR DIE STREUSEL:

30 g kandierter Ingwer
100 g Cantuccini (ital. Mandelgebäck)
80 g Butter oder Margarine (zimmerwarm)

FÜR DIE FÜLLUNG:

100 g Cantuccini (ital. Mandelgebäck)
30 g Butter oder Margarine (zimmerwarm)
1 gestr. TL gem. Zimt, 50 g kandierter Ingwer
150 g Kirschkonfitüre
370 g abgetropfte Sauerkirschen (aus dem Glas)

1 Eiweiß (Größe M)

PRO STÜCK:

E: 6 g, F: 15 g, Kh: 54 g, kcal: 382

1. Für den Hefeteig Milch leicht erwärmen. Mehl in eine Rührschüssel geben, in die Mitte eine Mulde drücken. Zucker, zerbröckelte Hefe und lauwarme Milch in die Mitte geben und mit etwas Mehl verrühren. Die Schüssel zudecken, die Hefe etwa 10 Minuten gehen lassen.

2. Butter oder Margarine, Ei und 1 Prise Salz auf den Mehlrand in die Schüssel geben. Die Zutaten mit einem Mixer (Knethaken) zunächst kurz auf niedrigster, dann auf höchster Stufe zu einem glatten Teig verarbeiten (3–5 Minuten). Den Teig zugedeckt an einem warmen Ort gehen lassen, bis er sich sichtbar vergrößert hat (etwa 30 Minuten).

3. Für die Streusel Ingwer fein hacken. Cantuccini in einen Gefrierbeutel geben. Beutel fest verschließen. Cantuccini mit einer Teigrolle zerbröseln. Cantuccinibrösel in eine Rührschüssel geben. Butter oder Margarine und gehackten Ingwer hinzufügen. Die Zutaten mit dem Mixer (Rührstäbe) zu Streuseln von gewünschter Größe verarbeiten. Die Streusel zugedeckt in den Kühlschrank stellen.

4. Für die Füllung die Cantuccini wie unter Punkt 3 beschrieben mit Butter zu Bröseln verarbeiten und mit Zimt mischen. Ingwer fein hacken.

5. Den gegangenen Teig leicht mit Mehl bestäuben, aus der Schüssel nehmen, auf der leicht bemehlten Arbeitsfläche zu einem Rechteck (etwa 30 x 40 cm) ausrollen. Die Teigplatte mit Kirschkonfitüre bestreichen, nacheinander mit Kirschen, Ingwer und Cantuccinibröseln belegen. Die Teigplatte von der langen Seite aus aufrollen und in etwa 12 gleichmäßige Scheiben schneiden.

6. Die Teigschnecken auf 2 Backbleche (gefettet, mit Backpapier belegt) legen. Teigschnecken zugedeckt an einem warmem Ort gehen lassen (etwa 30 Minuten).

7. Den Backofen vorheizen.
Ober-/Unterhitze: etwa 180 °C
Heißluft: etwa 160 °C

8. Das Eiweiß mit einer Gabel leicht verschlagen. Teigschnecken mit Eiweiß bestreichen und mit Streuseln bestreuen.

9. Die Backbleche nacheinander (bei Heißluft zusammen) in den vorgeheizten Backofen schieben. Die Streuselschnecken **etwa 30 Minuten je Backblech backen.**

10. Schnecken auf Kuchenrosten abkühlen lassen.

KIRSCHQUARKMOUSSE-TORTE

Zubereitungszeit: 55 Minuten, ohne Kühlzeit
Backzeit: etwa 25 Minuten

ZUTATEN FÜR 14 STÜCKE

FÜR DEN BISKUITTEIG:

5 Eier (Größe M)
125 g Zucker
150 g Weizenmehl
1 gestr. TL Backpulver

FÜR DIE FÜLLUNG:

370 g abgetropfte Sauerkirschen (aus dem Glas)
8–9 Blatt weiße Gelatine
350 g Magerquark
3 EL Zitronensaft
90 g Puderzucker
200 g Schlagsahne (mind. 30 % Fett)
500 ml Maracujanektar
2 Pck. ungezuckerter Tortenguss, klar

PRO STÜCK:

E: 8 g, F: 7 g, Kh: 34 g, kcal: 232

1. Den Backofen vorheizen.
Ober-/Unterhitze: etwa 180 °C
Heißluft: etwa 160 °C

2. Für den Teig Eier trennen. Eiweiß in eine Rührschüssel geben, mit einem Mixer (Rührstäbe) steif schlagen, dabei 1 Prise Salz und nach und nach 50 g Zucker einrieseln lassen. So lange schlagen, bis der Zucker gelöst ist. Eischnee kurz in den Kühlschrank stellen.

3. Eigelb und restlichen Zucker mit dem Mixer (Rührstäbe) auf höchster Stufe hellcremig schlagen, bis der Zucker gelöst ist. Mehl mit Backpulver mischen und auf die Eigelbcreme geben. Dann den Eischnee daraufgeben und alles mit einem Teigschaber oder Schneebesen unterheben, bis eine gleichmäßige Masse entstanden ist.

4. Den Teig in eine Springform (Ø 24–26 cm, mit Backpapier belegt) geben und glatt streichen. Die Form auf dem Rost in den vorgeheizten Backofen schieben. Den Biskuit **etwa 25 Minuten backen.**

5. Die Form auf einen Kuchenrost stellen. Den Biskuitboden in der Form erkalten lassen.

6. Für die Füllung von den Sauerkirschen den Saft auffangen und 250 ml abmessen. Gelatine nach Packungsanleitung einweichen. Die Hälfte des Kirschsaftes in einem kleinen Topf leicht erwärmen. Eingeweichte Gelatine ausdrücken und unter Rühren in dem Kirschsaft auflösen. Restlichen Kirschsaft unterrühren. Etwas abkühlen lassen.

7. Quark mit Zitronensaft und Puderzucker in einer Rührschüssel glatt verschlagen. Die aufgelöste Gelatine mit 2–3 Esslöffeln von der Quarkmasse verrühren und dann mit der restlichen Quarkmasse verrühren. Die Quarkmasse zugedeckt in den Kühlschrank stellen, bis sie anfängt zu gelieren.

8. Den Biskuitboden aus der Form lösen und waagerecht halbieren. Den unteren Boden auf eine Tortenplatte setzen und mit einem hohen Tortenring fest umschließen. Sobald die Quarkmasse zu gelieren beginnt, Sahne steif schlagen und unterheben. Zuletzt die Sauerkirschen vorsichtig unterziehen. Die Creme auf den Tortenboden geben und glatt streichen, den oberen Boden darauflegen und leicht andrücken. Die Torte etwa 1 Stunde in den Kühlschrank stellen.

9. Maracujanektar und Tortengusspulver in einem kleinen Topf unter Rühren kurz aufkochen lassen. Den Guss etwas abkühlen lassen, dann auf der Torte glatt verstreichen. Die Torte mindestens 2 Stunden, besser über Nacht, in den Kühlschrank stellen, gut durchkühlen lassen. Den Tortenring lösen und entfernen.

KÜSTEN-WINDBEUTEL

- Zubereitungszeit: 50 Minuten, ohne Abkühlzeit
  Backzeit: etwa 35 Minuten
- ▲ Mit Alkohol

ZUTATEN FÜR 14 STÜCK

FÜR DEN BRANDTEIG:

125 ml Milch (3,5 % Fett)
125 ml Wasser, 1 TL Zucker
60 g Butter
200 g Weizenmehl
5 Eier (Größe M)
1 Eigelb (Größe M)
½ gestr. TL Backpulver
4 EL gehobelte Mandeln

FÜR DIE FÜLLUNG:

200 g Marzipan-Rohmasse
7 EL Mandellikör oder Apfelsaft
300 g Schmand (Sauerrahm)
500 g Schlagsahne (mind. 30 % Fett)
2 Pck. Sahnesteif
3 TL Puderzucker
6–8 EL Pflaumenmus (aus dem Glas)

ZUM BESTÄUBEN:

3–4 TL Puderzucker

PRO STÜCK:

E: 8 g, F: 27 g, Kh: 31 g, kcal: 407

1. Für den Teig Milch, Wasser, Zucker, 2 Prisen Salz und Butter am besten in einem großen Stieltopf zum Kochen bringen. Mehl auf einmal in die von der Kochstelle genommene Flüssigkeit schütten. Mit einem Rührlöffel zu einem glatten Kloß rühren, den Topf wieder auf die heiße Herdplatte stellen und den Teigkloß unter Rühren etwa 1 Minute erhitzen, bis sich ein weißlicher Film auf dem Topfboden bildet. Den heißen Kloß sofort in eine Rührschüssel geben und kurz abkühlen lassen.

2. Nach und nach Eier und Eigelb mit einem Mixer (Knethaken) auf höchster Stufe unterarbeiten. Die Eiermenge hängt von der Beschaffenheit des Teiges ab, er muss stark glänzen und so vom Löffel abreißen, dass lange Spitzen hängen bleiben. Backpulver unter den erkalteten Teig arbeiten.

3. Den Backofen vorheizen.
Ober-/Unterhitze: etwa 210 °C
Heißluft: etwa 190 °C

4. Den Teig mit zwei Esslöffeln in etwa 14 gleich großen Häufchen jeweils im Abstand von etwa 4 cm auf ein Backblech (30 x 40 cm, mit Backpapier belegt) setzen. Die Teighäufchen dünn mit Wasser bestreichen und mit Mandeln bestreuen.

5. Das Backblech in den vorgeheizten Backofen schieben. Die Windbeutel **etwa 35 Minuten backen**. Während der Backzeit die Backofentür nicht öffnen, da das Gebäck sonst zusammenfällt.

6. Das Backblech auf einen Kuchenrost stellen. Die Windbeutel erkalten lassen.

7. Für die Füllung Marzipan auf einer stabilen Küchenreibe raspeln und in einen hohen Rührbecher geben. Likör oder Apfelsaft hinzugeben und alles mit dem Mixer (Rührstäbe) glatt verrühren. Schmand gut unterrühren.

8. Sahne mit Sahnesteif und Puderzucker steif schlagen und unter die Marzipan-Schmand-Masse heben. Die Creme in 2 Rührschüsseln verteilen. Jeweils die Hälfte Pflaumenmus hinzugeben und so unterziehen, dass ein Marmormuster entsteht.

9. Die Windbeutel waagerecht mit einem scharfen Messer oder einer Haushaltsschere aufschneiden. Die Füllung großzügig auf den unteren Hälften verteilen. Obere Hälften daraufsetzen. Windbeutel mit Puderzucker bestäuben, sofort servieren.

LAND-BAGUETTES

Zubereitungszeit: 20 Minuten, ohne Teiggehzeit
Backzeit: 12–15 Minuten

ZUTATEN FÜR 2 BAGUETTES

FÜR DEN TEIG:

250 ml lauwarmes Wasser
½ Pck. (21 g) frische Hefe
1 Prise Zucker
400 g Weizenmehl (Type 550)
1–2 gestr. TL Salz

PRO STÜCK:

E: 26 g, F: 2 g, Kh: 162 g, kcal: 780

1. Für den Teig 4 Esslöffel des Wassers in eine Rührschüssel geben. Hefe und Zucker unter Rühren darin auflösen. Hefeansatz zugedeckt bei Zimmertemperatur stehen lassen (etwa 15 Minuten).

2. Restliches Wasser, Mehl und Salz hinzugeben. Das Ganze mit einem Mixer (Knethaken) oder der Küchenmaschine (Knethaken) auf höchster Stufe zu einem elastischen Teig verkneten (etwa 3 Minuten). Den Teig mit Frischhaltefolie zudecken und so lange an einem warmen Ort gehen lassen, bis er sich sichtbar vergrößert hat (etwa 30 Minuten).

3. Die Frischhaltefolie vom Teig nehmen und beiseitelegen. Den Teig mit Mehl bestäuben, auf eine leicht mit Mehl bestäubte Arbeitsfläche geben und mit den Händen kurz verkneten. Den Teig halbieren und zugedeckt nochmals so lange an einem warmen Ort gehen lassen, bis er sich sichtbar vergrößert hat (etwa 30 Minuten).

4. Dann beide Teigportionen vorsichtig auf eine leicht mit Mehl bestäubte Arbeitsfläche geben und daraus 2 Teigstangen formen (je etwa 30 cm Länge). Dabei darauf achten, dass die feinen Luftbläschen im Teig möglichst erhalten bleiben.

5. Die Teigstangen auf ein leicht mit Mehl bestäubtes Geschirrtuch legen. Zwischen den Teigstangen eine Tuchfalte hochziehen (sie kleben sonst aneinander). Die Teigstangen mit einem sehr scharfen Messer schräg einschneiden (etwa 1 cm tief), mit wenig Mehl bestäuben und wieder mit der beiseitegelegten Frischhaltefolie zudecken. Anschließend die Stangen an einem warmen Ort so lange gehen lassen, bis sie sich sichtbar vergrößert haben (etwa 30 Minuten).

6. Den Backofen vorheizen.
Ober-/Unterhitze: etwa 240 °C
Heißluft: etwa 220 °C

7. Ein Backblech in den vorgeheizten Backofen schieben und erhitzen. Ein ofenfestes Gefäß mit heißem Wasser füllen und auf einen Metall-Kuchenrost auf den Boden des Backofens stellen.

8. Die Teigstangen vorsichtig vom Tuch nehmen und auf einen Bogen Backpapier legen.

9. Das heiße Backblech mithilfe von Topflappen aus dem Backofen nehmen (Achtung: heißer Wasserdampf!) und auf einen Kuchenrost stellen. Backpapier mit den Teigstangen vorsichtig auf das heiße Backblech ziehen. Das Backblech sofort in den Backofen schieben.

10. Die Backofentemperatur um etwa 20 °C auf Ober-/Unterhitze: etwa 220 °C, Heißluft: etwa 200 °C reduzieren. Die Land-Baguettes **12–15 Minuten backen.**

11. Land-Baguettes auf einen Kuchenrost legen und erkalten lassen.

TIPP:

Die Land-Baguettes werden noch knuspriger, wenn sie nach dem Backen mit Wasser bestrichen oder besprüht werden.

LEMONCURD-CHEESECAKE

◷ Zubereitungszeit: 75 Minuten, ohne Kühlzeit
Backzeit: etwa 60 Minuten

ZUTATEN FÜR 12 STÜCKE

FÜR DEN BODEN:

200 g Vollkorn-Butterkekse
130 g Butter

FÜR DIE FÜLLUNG:

1 kleine Bio-Zitrone (unbehandelt, ungewachst)
600 g Doppelrahm-Frischkäse
150 g Schmand (Sauerrahm)
120 g Zucker
3 Eier (Größe M)
2 EL Zitronensaft (von der Bio-Zitrone)
½ Pck. Pudding-Pulver Vanille-Geschmack

FÜR DEN GUSS:

130 g Lemoncurd (aus dem Glas)

PRO STÜCK:

E: 9 g, F: 32 g, Kh: 31 g, kcal: 448

1. Für den Boden Butterkekse in einen Gefrierbeutel geben. Den Beutel fest verschließen. Butterkekse mit einer Teigrolle fein zerbröseln und in eine Rührschüssel geben. Butter in einem kleinen Topf zerlassen, zu den Keksbröseln geben und gut verrühren.

2. Die Bröselmasse in eine Springform (Ø 24 cm, mit Backpapier belegt) geben, mit einem Esslöffel zu einem Boden andrücken und vorsichtig einen etwa 2 cm hohen Rand formen. Die Form mindestens 10 Minuten in den Kühlschrank stellen.

3. Für die Füllung Zitrone heiß abwaschen, abtrocknen und die Schale abreiben. Zitrone halbieren, den Saft auspressen und 2 Esslöffel abmessen.

4. Den Backofen vorheizen.
Ober-/Unterhitze: etwa 180 °C
Heißluft: etwa 160 °C

5. Frischkäse mit Schmand, Zitronenschale und Zucker in einer Rührschüssel mit einem Mixer (Rührstäbe) auf mittlerer Stufe glatt rühren. Eier nach und nach unterrühren. Zitronensaft mit Pudding-Pulver verrühren, zu der Frischkäsemasse geben und so lange weiterschlagen, bis die Masse anfängt fest zu werden.

6. Die Frischkäsemasse auf den Bröselboden in die Springform geben und glatt streichen. Die Form auf dem Rost in den vorgeheizten Backofen (unteres Drittel) schieben. Cheesecake **etwa 60 Minuten backen.**

7. Die Form auf einen Kuchenrost stellen. Cheesecake erkalten lassen und aus der Form lösen.

8. Cheesecake mindestens 4 Stunden in den Kühlschrank stellen.

9. Für den Guss Lemoncurd glatt rühren. Den Cheesecake damit bestreichen.

TIPPS:

Nach Belieben 1 kleine Bio-Zitrone heiß abwaschen, abtrocknen und in dünne Scheiben schneiden. Lemoncurd-Cheesecake mit den Zitronenscheiben garnieren. Kalt gestellt, hält sich der Lemoncurd Cheesecake 3–4 Tage.

LEMONGRAS-TORTE

Zubereitungszeit: 40 Minuten, ohne Kühlzeit
Backzeit: 38–40 Minuten

ZUTATEN FÜR 12 STÜCKE

ZUM VORBEREITEN:

5 Stangen Lemongras (etwa 30 g, Zitronengras)
300 g Schlagsahne, 75 g Zucker

FÜR DIE STREUSEL:

150 g Butter, 200 g Marzipan-Rohmasse
250 g Weizenmehl
70 g Zucker, 1 Pck. Vanillin-Zucker

FÜR DIE FÜLLUNG:

2 Pck. Sahnesteif
250 g Speisequark (20 % Fett)
2 EL Limettensaft

PRO STÜCK:

E: 7 g, F: 25 g, Kh: 36 g, kcal: 405

1. Zum Vorbereiten Lemongras evtl. von den äußeren harten Stängeln befreien. Enden und Spitzen abschneiden. Stangen abspülen, abtropfen lassen, in etwa 4 cm lange Stücke schneiden. Sahne mit Zucker und Lemongras-Stücken in einem Topf zum Kochen bringen, etwa 15 Minuten bei schwacher Hitze kochen lassen. Den Topf von der Kochstelle nehmen. Sahnemasse etwa 1 Stunde erkalten lassen.

2. Die Sahnemasse mit den Lemongras-Stücken durch ein Sieb in eine Schüssel gießen und zugedeckt 2–3 Stunden in den Kühlschrank stellen.

3. Für die Streusel Butter zerlassen und etwas abkühlen lassen. Marzipan auf einer Haushaltsreibe fein raspeln.

4. Den Backofen vorheizen.
Ober-/Unterhitze: etwa 180 °C
Heißluft: etwa 160 °C

5. Mehl mit Zucker und Vanillin-Zucker in einer Rührschüssel mischen. Butter und Marzipanraspel hinzufügen, mit einem Mixer (Rührstäbe) zu Streuseln von gewünschter Größe verarbeiten. Von den Teigstreuseln etwa 3 Esslöffel abnehmen. Aus den restlichen Streuseln 2 Böden herstellen. Dafür einen Springformrand (Ø 26 cm) auf ein Backblech (mit Backpapier belegt) stellen. Die Hälfte der Streusel in den Springformrand geben, leicht zu einem Boden andrücken. Springformrand vorsichtig entfernen. Die restlichen Streusel auf einem zweiten Backblech wie beschrieben zu einem Boden andrücken. Die Backbleche nacheinander in den vorgeheizten Backofen schieben. Die Böden jeweils **etwa 15 Minuten backen**.

6. Die einzelnen Böden auf den Backblechen erkalten lassen. Einen Boden mit einem Sägemesser in 12 Stücke teilen.

7. Die abgenommenen Teigstreusel ebenfalls auf ein Backblech (mit Backpapier belegt) legen und zu einer Platte zusammendrücken. Das Backblech in den heißen Backofen schieben. Die Teigplatte **bei gleicher Backofentemperatur 8–10 Minuten backen**. Die Streuselplatte ebenfalls auf dem Backblech erkalten lassen.

8. Für die Füllung die vorbereitete Lemongras-Sahne mit dem Mixer (Rührstäbe) kurz aufschlagen. Sahnesteif einstreuen. Sahne steif schlagen. Quark und Limettensaft unterrühren.

9. Den ganzen Streuselboden auf eine Tortenplatte legen. Lemongras-Sahne (3 Esslöffel davon abnehmen) auf den Streuselboden geben, glatt streichen und mit den 12 Tortenstücken (Streuselboden) belegen. Abgenommene Sahne in kleinen Häufchen auf den Tortenstücken verteilen. Die Streuselplatte in Stücke brechen, an die Sahnehäufchen legen. Torte etwa 1 Stunde in den Kühlschrank stellen.

MAISBROT

Zubereitungszeit: 20 Minuten, ohne Teiggehzeit
Backzeit: etwa 50 Minuten

ZUTATEN FÜR 1 OVALES BROT

FÜR DEN TEIG:

500 ml lauwarmes Wasser
15 g frische Hefe
150 g Weizenmehl (Type 550)
350 g Polentagrieß (fein)
200 g Maismehl
1–2 gestr. TL Salz

INSGESAMT:

E: 70 g, F: 13 g, Kh: 520 g, kcal: 2495

1. Für den Teig Wasser in eine Rührschüssel gießen. Hefe darin unter Rühren auflösen. Mehl hinzugeben und mit einem Mixer (Knethaken) zu einem weichen Teig verkneten. Restliche Zutaten locker daraufstreuen (nicht unterkneten), mit Frischhaltefolie zudecken und so lange an einem warmen Ort gehen lassen, bis sich deutliche Risse im aufgeschütteten Mehl zeigen (etwa 60 Minuten).

2. Die Frischhaltefolie beiseitelegen, sie wird noch mehrfach benötigt. Die Zutaten mit dem Mixer (Knethaken) zu einem glatten Teig verkneten. Den Teig wieder mit der Frischhaltefolie zudecken und so lange an einem warmen Ort gehen lassen, bis er sich sichtbar vergrößert hat (etwa 60 Minuten).

3. Den Teig auf eine leicht mit Mehl bestäubte Arbeitsfläche geben, mit den Händen verkneten und zu einer Kugel formen. Anschließend auf ein Backblech (gefettet, mit Backpapier belegt) legen und mehrfach mit einem sehr scharfen Messer einschneiden. Die Teigkugel wieder mit der Frischhaltefolie zudecken und an einem warmen Ort gehen lassen, bis sie sich sichtbar vergrößert hat (etwa 2 Stunden).

4. Den Backofen vorheizen.
Ober-/Unterhitze: etwa 220 °C
Heißluft: etwa 200 °C

5. Die Frischhaltefolie entfernen. Die Teigkugel leicht mit Mehl bestäuben und das Backblech in den vorgeheizten Backofen schieben. Das Brot **etwa 50 Minuten backen.**

6. Das Maisbrot auf einen Kuchenrost legen und erkalten lassen.

TIPPS:

Dazu passt cremiger Frischkäse, in Olivenöl eingelegtes Gemüse und luftgetrocknete Wurst. Bereiten Sie eine Creme aus Avocadofruchtfleisch und etwas Zitronensaft zu. Würzen Sie die Creme sparsam mit Salz und bestreichen Sie die Brotscheiben damit. Garnieren Sie sie mit gemahlenem Pfeffer.

MALAKOFF-TORTE

● Zubereitungszeit: 40 Minuten, ohne Kühlzeit
▲ Mit Alkohol

ZUTATEN FÜR 12 STÜCKE

FÜR DIE CREME:

1 Pck. Pudding-Pulver Vanille-Geschmack
150 g Schlagsahne, 225 ml Milch (3,5 % Fett)
125 g Zucker
150 g Butter (zimmerwarm)
150 g abgezogene, gem. Mandeln

FÜR DEN BODEN:

250 g Löffelbiskuits
250 ml Milch (3,5 % Fett)
1 Pck. Vanillin-Zucker
2–3 EL Rum

ZUM VERZIEREN UND GARNIEREN:

30 g Schokolade
250 g Schlagsahne (mind. 30 % Fett)
1 TL Zucker, 1 Pck. Sahnesteif
2 EL rotes Gelee

PRO STÜCK:

E: 7 g, F: 31 g, Kh: 38 g, kcal: 470

1. Für die Creme aus Pudding-Pulver, 150 g Sahne, 225 ml Milch und 125 g Zucker einen Pudding nach Packungsanleitung zubereiten. Den Pudding erkalten lassen (nicht kalt stellen), dabei gelegentlich durchrühren.

2. Butter mit einem Mixer (Rührstäbe) geschmeidig rühren und den erkalteten Pudding esslöffelweise unterrühren. Dabei darauf achten, dass Butter und Pudding Zimmertemperatur haben, da die Buttercreme sonst gerinnt. Mandeln unterrühren.

3. Einen Springformrand (Ø 26 cm) auf eine mit Tortenspitze oder Backpapier belegte Tortenplatte stellen. 4 Löffelbiskuits beiseitelegen. Dann für den Boden die Hälfte der restlichen Löffelbiskuits nebeneinander auf dem Boden verteilen. Milch mit Vanillin-Zucker und Rum verrühren, die Hälfte davon auf die Löffelbiskuits geben. Darauf die Hälfte der Creme streichen und die restlichen Löffelbiskuits nebeneinander darauflegen. Die restliche Rum-Milch auf die Löffelbiskuits geben und darauf die restliche Creme verstreichen. Die Torte mindestens 3 Stunden in den Kühlschrank stellen.

4. Zum Verzieren Schokolade in einer kleinen Schüssel im heißen Wasserbad bei schwacher Hitze unter Rühren schmelzen. Die beiseitegelegten 4 Löffelbiskuits in je 3 Stücke teilen. Jeweils mit einem Ende eintauchen und die Schokolade fest werden lassen.

5. Springformrand lösen und entfernen. Sahne mit einem Mixer (Rührstäbe) mit Zucker und Sahnesteif steif schlagen. Die Torte damit bestreichen und mit einem Teelöffel Vertiefungen in die Oberfläche drücken. Rotes Gelee glatt rühren, in einen kleinen Gefrierbeutel füllen, eine kleine Ecke abschneiden und Kringel auf die Torte spritzen. Die Torte bis zum Servieren kalt stellen (Kühlschrank), dann mit den vorbereiteten Schoko-Löffelbiskuits garnieren.

MANDARINEN-MOHN-KUCHEN

Zubereitungszeit: 35 Minuten, ohne Abkühlzeit
Backzeit: etwa 70 Minuten

ZUTATEN FÜR 20 STÜCKE

FÜR DEN TEIG:

175 g abgetropfte Mandarinen (aus der Dose)
125 g weiße Kuvertüre
200 g Butter (zimmerwarm)
2 TL Bio-Orangenschale (unbehandelt, ungewachst)
150 g feiner Zucker
5 Eier (Größe M)
275 g Weizenmehl
50 g feiner Weichweizengrieß
3 gestr. TL Backpulver
125 g backfertige Mohnmasse

FÜR DEN GUSS:

200 g Puderzucker
etwa 3 EL Zitronensaft

ZUSÄTZLICH:

etwas feiner Weizengrieß für die Form

PRO STÜCK:

E: 4 g, F: 13 g, Kh: 37 g, kcal: 280

1. Den Backofen vorheizen.
Ober-/Unterhitze: etwa 180 °C
Heißluft: etwa 160 °C

2. Für den Teig von den Mandarinen den Saft auffangen und 3 Esslöffel abmessen. Die Kuvertüre fein reiben.

3. Butter, 1 Prise Salz , Orangenschale und Zucker in einer Rührschüssel mit dem Mixer (Rührstäbe) auf höchster Stufe hellcremig schlagen. Eier einzeln unterrühren (jedes Ei etwas ½ Minute).

4. Mehl mit Grieß und Backpulver mischen und in 2–3 Portionen unter die Butter-Eier-Masse rühren. Die Kuvertüre kurz unterrühren.

5. Die Mohnmasse mit 3 Esslöffeln Mandarinensaft verrühren. Etwa ein Drittel von dem Teig abnehmen und mit der Mohnmasse verrühren. Unter den restlichen Teig die Mandarinen heben. Den hellen Teig, bis auf etwa 4 Esslöffel, in eine Kastenform (30 x 11 cm, gefettet, mit Grieß ausgestreut) verstreichen. Den Mohnteig jeweils an den Formrand geben und den restlichen hellen Teig in der Mitte verstreichen.

6. Die Form auf dem Rost in den vorgeheizten Backofen schieben. Den Kuchen **etwa 70 Minuten backen.**

7. Nach etwa 20 Minuten Backzeit den Kuchen vorsichtig der Länge nach mit einem scharfen Messer an der Oberfläche etwas einschneiden. Kuchen evtl. nach etwa 50 Minuten Backzeit mit Backpapier belegen. Mit einer Stäbchenprobe prüfen, ob der Kuchen bereits durchgebacken ist.

8. Die Form auf einen Kuchenrost stellen. Den Kuchen etwa 30 Minuten in der Form stehen lassen. Dann vorsichtig aus der Form lösen, auf einen mit Backpapier belegten Kuchenrost stürzen und erkalten lassen. Anschließend den Kuchen wieder umdrehen.

9. Für den Guss Puderzucker mit Zitronensaft zu einer dicklichen Masse verrühren, den Kuchen damit überziehen. Guss trocknen lassen.

MANDARINEN-QUARK-SCHNITTEN

Zubereitungszeit: 45 Minuten, ohne Kühlzeit
Backzeit: etwa 10 Minuten

ZUTATEN FÜR 10 STÜCKE

FÜR DEN BISKUITTEIG:

3 Eier (Größe M)
3 EL heißes Wasser
150 g Zucker
1 Pck. Vanillin-Zucker
100 g Weizenmehl
1 gestr. TL Backpulver
50 g Speisestärke

FÜR DIE FÜLLUNG:

350 g abgetropfte Mandarinen (aus Dosen)
100 ml Mandarinensaft (aus den Dosen)
6 Blatt weiße Gelatine
500 g Magerquark
150 g Zucker
1 Pck. Vanillin-Zucker
1 Pck. Geriebene Zitronenschale
2 EL Zitronensaft
200 g Schlagsahne (mind. 30 % Fett)

ZUM BESTÄUBEN:

etwas Puderzucker

PRO STÜCK:

E: 11 g, F: 8 g, Kh: 57 g, kcal: 355

1. Das Backblech (30 x 30 cm) fetten und mit Backpapier belegen. Das Backpapier an der schrägen Seite des Backblechs so zu einer Falte knicken, dass ein Rand entsteht.
Den Backofen vorheizen.
Ober-/Unterhitze: etwa 200 °C
Heißluft: etwa 180 °C

2. Für den Teig Eier und Wasser in einer Rührschüssel mit einem Mixer (Rührstäbe) auf höchster Stufe in 1 Minute schaumig schlagen. Zucker mit Vanillin-Zucker mischen, unter Rühren in 1 Minute einstreuen und die Masse weitere 2 Minuten schlagen. Mehl mit Backpulver und Speisestärke mischen und kurz auf niedrigster Stufe unterrühren.

3. Den Teig auf das Backblech streichen und auf mittlerer Einschubleiste in den vorgeheizten Backofen schieben. Die Biskuitplatte **etwa 10 Minuten backen.**

4. Die Biskuitplatte sofort nach dem Backen vom Rand lösen, auf ein mit Zucker bestreutes Backpapier stürzen. Das mitgebackene Backpapier vorsichtig abziehen. Den Biskuit erkalten lassen und anschließend senkrecht halbieren, so dass 2 Platten entstehen (etwa 30 x 20 cm).

5. Für die Füllung Mandarinen in einem Sieb abtropfen lassen, dabei den Saft auffangen und 100 ml davon abmessen. Gelatine nach Packungsanleitung einweichen.

6. Quark mit Zucker, Vanillin-Zucker, Zitronenschale und Zitronensaft verrühren. Den abgemessenen Mandarinensaft erwärmen. Gelatine leicht ausdrücken und unter Rühren darin auflösen. Erst etwa 4 Esslöffel der Quarkmasse mit einem Schneebesen mit der aufgelösten Gelatine verrühren, dann mit der übrigen Quarkmasse verrühren.

7. Sahne mit dem Mixer (Rührstäbe) steif schlagen. Wenn die Quarkmasse beginnt dicklich zu werden, Sahne mit den Mandarinen unterheben. Die Füllung auf eine der Biskuithälfte streichen, mit der anderen Hälfte bedecken (die Unterseite sollte nach oben zeigen) und leicht andrücken. Die Seiten glatt streichen und das Gebäck etwa 2 Stunden in den Kühlschrank stellen.

8. Vor dem Servieren das Gebäck mit Puderzucker bestäuben.

MANDEL-MIRABELLEN-KUCHEN

◷ Zubereitungszeit: 35 Minuten, ohne Abkühlzeit
Backzeit: etwa 35 Minuten
▲ Mit Alkohol

ZUTATEN FÜR 20 STÜCKE

FÜR DEN BELAG:

770 g abgetropfte Mirabellen
(aus Gläsern)

FÜR DEN RÜHRTEIG:

150 g Butter oder Margarine
(zimmerwarm)
125 g Zucker
1 Pck. Vanillin-Zucker
½ Röhrchen Rum-Aroma
8 Eigelb (Größe M)
400 g gem. Mandeln
100 g gehackte Mandeln
1 gestr. TL Backpulver
8 Eiweiß (Größe M)
25 g Zucker

FÜR DEN GUSS:

1 Pck. ungezuckerter Tortenguss, klar
250 ml Mirabellensaft (von den Mirabellen)
1 TL Zucker

ZUM VERZIEREN:

100 g Haselnuss-Schokolade
1 TL Speiseöl

PRO STÜCK:

E: 10 g, F: 24 g, Kh: 22 g, kcal: 342

1. Für den Belag von den Mirabellen den Saft auffangen. Die Mirabellen vorsichtig entsteinen und nochmals abtropfen lassen. Von dem Saft 250 ml für den Guss abmessen und beiseitestellen.

2. Den Backofen vorheizen.
Ober-/Unterhitze: etwa 180 °C
Heißluft: etwa 160 °C

3. Für den Teig Butter oder Margarine in einer Rührschüssel mit einem Mixer (Rührstäbe) geschmeidig rühren. Nach und nach Zucker, Vanillin-Zucker und Rum-Aroma unterrühren. So lange rühren, bis eine gebundene Masse entstanden ist.

4. Eigelb nach und nach unterrühren (jedes Eigelb knapp ½ Minute). Mandeln mit Backpulver mischen und kurz auf mittlerer Stufe unterrühren. Eiweiß mit dem Mixer (Rührstäbe) mit 1 Prise Salz und Zucker steif schlagen und vorsichtig unter den Mandelteig heben.

5. Einen Backrahmen auf ein Blech (30 x 40 cm, mit Backpapier belegt) stellen. Den Teig auf das Backblech geben und glatt streichen. Die Mirabellen in kleinen Gruppen darauf verteilen. Das Backblech in den vorgeheizten Backofen schieben. Den Kuchen **etwa 35 Minuten backen.**

6. Das Backblech auf einen Kuchenrost stellen. Den Kuchen erkalten lassen.

7. Für den Guss aus Tortengusspulver, beiseitegestelltem Mirabellensaft und Zucker einen Guss nach Packungsanleitung zubereiten. Den Guss auf den Mirabellen verteilen, fest werden lassen.

8. Zum Verzieren Schokolade in Stücke brechen, mit Speiseöl in einem kleinen Topf im heißen Wasserbad bei schwacher Hitze unter Rühren schmelzen. Schokolade in Form von Punkten oder Streifen auf die Kuchenoberfläche geben. Schokolade fest werden lassen.

9. Den Backrahmen lösen und entfernen. Den Kuchen in Stücke schneiden.

TIPPS:

Die Mandeln in einer Pfanne ohne Fett unter Wenden leicht rösten, herausnehmen und auf einem Teller erkalten lassen.

MARZIPAN-CASSIS-KRANZ

Zubereitungszeit: 60 Minuten, ohne Kühlzeit
Backzeit: etwa 45 Minuten

ZUTATEN FÜR 18 STÜCKE

FÜR DEN RÜHRTEIG:

125 g Butter (zimmerwarm)
175 g Zucker
1 TL Bio-Zitronenschale (unbehandelt, ungewachst)
2–3 Tropfen Mandelaroma
100 g Marzipan-Rohmasse
4 Eier (Größe M)
175 g Weizenmehl
20 g Speisestärke
1 Pck. Pudding-Pulver Vanille-Geschmack
2 ½ gestr. TL Backpulver
3–4 EL Milch

FÜR DIE CREME:

300 g gut gekühlter Mascarpone (ital. Frischkäse)
100 g Puderzucker
275 g Schlagsahne (mind. 30 % Fett)
1 Pck. Sahnesteif
2–3 EL Zitronensaft
½ TL Vanille-Extraktpulver

150 g gehobelte Mandeln
200 g schwarzer Johannisbeer-Fruchtaufstrich

ZUSÄTZLICH:

Semmelbrösel für die Form

PRO STÜCK:

E: 6 g, F: 25 g, Kh: 37 g, kcal: 395

1. Den Backofen vorheizen.
Ober-/Unterhitze: etwa 180 °C
Heißluft: etwa 160 °C

2. Für den Teig Butter, Zucker, Zitronenschale, Aroma und 1 großzügige Prise Salz in eine Rührschüssel geben. Marzipan auf einer Küchenreibe raspeln und hinzugeben. Die Zutaten mit einem Mixer (Rührstäbe) auf höchster Stufe hellcremig aufschlagen, bis der Zucker fast gelöst ist.

3. Die Eier einzeln unterrühren (jedes Ei etwa ½ Minute). Mehl, Speisestärke, Pudding-Pulver und Backpulver mischen, in 2–3 Portionen abwechselnd mit der Milch kurz auf mittlerer Stufe unterrühren, bis ein gebundener, schwer reißender Teig entstanden ist.

4. Den Teig in eine Gugelhupfform (Ø 22–24 cm, gefettet, mit Semmelbrösel ausgestreut) geben und glatt streichen. Die Form auf dem Rost in den vorgeheizten Backofen schieben. Den Kranzkuchen **in etwa 45 Minuten goldgelb backen.**

5. Die Form auf einen Kuchenrost stellen. Den Kuchen etwa 20 Minuten in der Form abkühlen lassen. Dann aus der Form lösen und vorsichtig auf einen mit Backpapier belegten Kuchenrost stürzen. Den Kuchen erkalten lassen.

6. Für die Creme Mascarpone in eine Rührschüssel geben und mit dem Mixer (Rührstäbe) auf niedrigster Stufe cremig rühren. Puderzucker kurz unterrühren. Dann nach und nach die Sahne unterrühren. Die Mascarpone-Sahne auf höchster Stufe steif schlagen. Dabei Sahnesteif langsam einrieseln lassen. Zitronensaft und Vanille-Extrakt unterschlagen. Die Creme in den Kühlschrank stellen, damit sie gut streichfähig wird.

7. In der Zwischenzeit Mandeln in einer Pfanne ohne Fett unter Wenden goldbraun rösten. Auf einen Teller geben und erkalten lassen.

8. Den Kuchen dreimal waagerecht durchschneiden. Den untersten Kuchenkranz auf eine Kuchenplatte setzen, mittig mit etwas Fruchtaufstrich bestreichen. Etwa 2 gehäufte Esslöffel von der Mascarpone-Sahne darauf glatt verstreichen. Den zweitgrößten Kuchenkranz auf der unteren Seite ebenfalls mittig mit etwas Fruchtaufstrich bestreichen, mit der bestrichenen Seite auf die Mascarpone-Sahne legen. Wieder Fruchtaufstrich aufstreichen. So die weitere Sahne, bis auf etwa 5 Esslöffel, restlichen Fruchtaufstrich und Kuchenkränze nach und nach aufschichten. Den Kuchen mit der restlichen Sahne einstreichen.

9. Die Mandeln auf den Kuchenkranz und -rand drücken. Den Marzipan-Cassis-Kranz etwa 8 Stunden (am besten über Nacht) in den Kühlschrank stellen.

10. Den Kuchen etwa 2 Stunden vor dem Servieren aus dem Kühlschrank nehmen und bei Zimmertemperatur stehen lassen, damit sich das Aroma der Mascarpone-Sahne besser entfalten kann.

MOHN-BROMBEER-TORTE

Zubereitungszeit: 50 Minuten, ohne Abkühlzeit
Backzeit: etwa 30 Minuten je Boden

ZUTATEN FÜR 12 STÜCKE

FÜR DIE BÖDEN (BAISER UND RÜHRTEIG):

4 Eier (Größe M)
300 g Zucker
1–2 TL Zitronensaft
100 g Butter (zimmerwarm)
1 Pck. Bourbon-Vanille-Zucker
150 g Weizenmehl
1 ½ gestr. TL Backpulver
3–4 EL Milch

FÜR DAS BEERENKOMPOTT:

35 g Speisestärke oder 1 Pck. Pudding-Pulver Vanille-Geschmack
150 ml roter Fruchtsaft, z. B. Kirschsaft oder Johannisbeernektar
2 geh. EL Brombeerkonfitüre
300 g Brombeeren (frisch oder TK; alternativ andere Beeren nach Geschmack)

FÜR DIE MOHNSAHNE:

500 g Schlagsahne (mind. 30 % Fett)
2 Pck. Sahnesteif
125 g Mohnback
1 EL Zitronensaft

PRO STÜCK:

E: 6 g, F: 24 g, Kh: 49 g, kcal: 432

1. Den Backofen vorheizen.
Ober-/Unterhitze: etwa 180 °C
Heißluft: etwa 160 °C

2. Für die Tortenböden die Eier trennen. Für das Baiser Eiweiß mit einem Mixer (Rührstäbe) auf höchster Stufe steif schlagen, dabei zunächst 1 Prise Salz zugeben, dann nach und nach 200 g Zucker einrieseln lassen. Zitronensaft unterschlagen. So lange schlagen, bis der Zucker ganz gelöst ist. Baisermasse kurz in den Kühlschrank stellen.

3. Butter, restlichen Zucker, Vanille-Zucker und 1 Prise Salz in einer Rührschüssel mit dem Mixer (Rührstäbe) auf höchster Stufe hellcremig aufschlagen, bis der Zucker gelöst ist. Eigelb einzeln gut unterrühren. Mehl und Backpulver mischen, in 2 Portionen abwechselnd mit der Milch kurz unter die Butter-Eigelb-Masse rühren.

4. Für 2 Böden jeweils die Hälfte des Teiges in einer Springform (Ø 24–26 cm, gefettet) verstreichen. Jeweils die Hälfte der Baisermasse darauf verteilen.

5. Die Böden nacheinander backen. Dafür zunächst eine Form auf dem Rost in den vorgeheizten Backofen (untere Schiene) schieben und den Boden **in etwa 30 Minuten goldbraun backen.**

6. Die Form auf einen Kuchenrost stellen. Den Tortenboden aus der Form lösen, mit dem Backpapier auf einen Kuchenrost ziehen und erkalten lassen.

7. Den zweiten Tortenboden wie zuvor beschrieben backen und erkalten lassen.

8. In der Zwischenzeit für das Kompott Speisestärke oder Pudding-Pulver mit 4 Esslöffeln Saft anrühren. Restlichen Saft mit der Konfitüre in einem Topf unter Rühren zum Kochen bringen. Angerührte Speisestärke oder angerührtes Pudding-Pulver in den von der Kochstelle genommenen Saft rühren und unter Rühren aufkochen lassen. Frische vorbereitete oder die gefrorenen Beeren hinzugeben und alles etwa 1 Minute bei schwacher Hitze kochen lassen, dabei umrühren. Kompott in eine Schüssel füllen und erkalten lassen. Dabei gelegentlich umrühren.

9. Für die Mohnsahne Sahne mit dem Mixer (Rührstäbe) mit Sahnesteif auf höchster Stufe steif schlagen. Mohnback mit Zitronensaft glatt rühren, Sahne portionsweise unterheben.

10. Kurz vor dem Servieren einen Boden auf eine Tortenplatte setzen, das erkaltete Beerenkompott daraufgeben. Die Mohnsahne darauf verteilen. Den zweiten Tortenboden nach Belieben in Tortenstücke schneiden (Torte lässt sich dann einfacher portionieren, ohne das beim Schneiden Belag herausquillt) und auf die Mohnsahne setzen. Die Torte sofort servieren.

MOHN-PREISELBEER-TORTE

Zubereitungszeit: 50 Minuten, ohne Kühlzeit
Backzeit: 30–40 Minuten

ZUTATEN FÜR 16 STÜCKE

FÜR DEN KNETTEIG:

120 g Weizenmehl
30 g Zucker
80 g Butter oder Margarine (zimmerwarm)

FÜR DEN BISKUITTEIG:

5 Eier (Größe M)
150 g Zucker
1 Pck. Vanillin-Zucker
1 TL Geriebene Zitronenschale
130 g Weizenmehl
2 gestr. TL Backpulver
100 g gem. Mohnsamen

390 g abgetropfte Preiselbeeren (aus dem Glas)

FÜR DIE FÜLLUNG:

4 Blatt weiße Gelatine
500 g Schlagsahne (mind. 30 % Fett)
2 EL Zitronensaft
1 Pck. Vanillin-Zucker
1 TL Zucker

FÜR DEN RAND:

etwa 20 g gem. Mohnsamen

FÜR DEN BELAG:

125 g Marzipan-Rohmasse
20 g Puderzucker

ZUM BESTREICHEN:

1 EL Aprikosen-Fruchtaufstrich

PRO STÜCK:

E: 7 g, F: 22 g, Kh: 35 g, kcal: 372

1. Für den Knetteig Mehl in eine Rührschüssel geben. Zucker und Butter oder Margarine hinzufügen. Die Zutaten mit einem Mixer (Rührstäbe) zunächst kurz auf niedrigster, dann auf höchster Stufe zu einem glatten Teig verarbeiten. Den Teig in Frischhaltefolie gewickelt etwa 30 Minuten kalt stellen.

2. Den Backofen vorheizen.
Ober-/Unterhitze: etwa 180 °C
Heißluft: etwa 160 °C

3. Den Teig auf dem Boden einer Springform (Ø 26 cm, gefettet, mit Backpapier belegt) ausrollen. Einen Springformrand darumstellen. Die Form auf dem Rost in den vorgeheizten Backofen (unteres Drittel) schieben. Den Knetteigboden **10–15 Minuten backen.**

4. Die Form auf einen Kuchenrost stellen. Den Boden sofort vom Springformboden lösen, aber darauf erkalten lassen.

5. Für den Biskuitteig Eier in einer Rührschüssel mit einem Mixer (Rührstäbe) auf höchster Stufe in 1 Minute schaumig schlagen. Zucker mit Vanillin-Zucker mischen, in 1 Minute unter Rühren einstreuen, dann noch etwa 2 Minuten schlagen. Mehl mit Backpulver mischen und kurz auf niedrigster Stufe unterrühren. Mohn unterheben. Den Teig in die Springform geben und glatt streichen. Die Form auf dem Rost in den heißen Backofen (unteres Drittel) schieben. Den Biskuitboden **bei gleicher Backofentemperatur 20–25 Minuten backen.**

6. Den Biskuitboden aus der Form lösen und auf einen mit Backpapier belegten Kuchenrost stürzen, mitgebackenes Backpapier abziehen. Biskuitboden erkalten lassen und zweimal waagerecht durchschneiden.

7. Den Knetteigboden auf eine Tortenplatte legen und mit 2 Esslöffeln der Preiselbeeren bestreichen. Den unteren Biskuitboden darauflegen, leicht andrücken.

8. Für die Füllung Gelatine nach Packungsanleitung einweichen. Gelatine leicht ausdrücken und in einem kleinen Topf unter Rühren auflösen.

9. Sahne mit dem Mixer (Rührstäbe) steif schlagen. Aufgelöste Gelatine, Zitronensaft, Vanillin-Zucker und Zucker unterrühren. Etwa 7 Esslöffel der Sahnemasse in einen Spritzbeutel mit Sterntülle (Ø 10 mm) füllen. Die restlichen Preiselbeeren (1 Esslöffel zum Garnieren beiseitelegen) unter die Sahne heben. Die Hälfte der Preiselbeersahne auf den unteren Biskuitboden geben, glatt streichen und mit dem zweiten Biskuitboden belegen.

10. Restliche Preiselbeersahne daraufgeben, glatt streichen und den letzten Biskuitboden darauflegen. Den Tortenrand mit einem Teil der Sahne aus dem Spritzbeutel bestreichen und mit Mohnsamen bestreuen.

11. Für den Belag Marzipan in Stücke schneiden, mit Puderzucker verkneten und zu einer runden Platte (Ø etwa 25 cm) ausrollen. Den oberen Biskuitboden mit dem Fruchtaufstrich bestreichen, Marzipanplatte darauflegen, leicht andrücken. Den oberen Tortenrand mit der restlichen Sahne aus dem Spritzbeutel verzieren, mit den beiseitegelegten Preiselbeeren garnieren. Nach Belieben die Sahnetuffs mit Mohnsamen bestreuen. Die Torte etwa 2 Stunden in den Kühlschrank stellen.

TIPP:

Die Torte kurz vor dem Servieren mit Puderzucker bestäuben.

NUSSPRALINEN-TORTE

Zubereitungszeit: 60 Minuten, ohne Kühlzeit
Backzeit: etwa 20 Minuten
▲ Mit Alkohol

ZUTATEN FÜR 16 STÜCKE

FÜR DEN BISKUITTEIG:

30 g Butter oder Margarine
4 Eier (Größe M)
100 g Zucker
1 Pck. Vanillin-Zucker
100 g Weizenmehl
25 g Speisestärke
1 gestr. TL Backpulver
25 g gem. Pistazienkerne

240 g abgetropfte Himbeeren (aus Gläsern)

FÜR DIE FÜLLUNG:

500 g Schlagsahne (mind. 30 % Fett)
250 g (20 Stück) Nusspralinen mit Alkohol
1 Pck. ungezuckerter Tortenguss, klar
250 ml Himbeersaft (von den Himbeeren)
1 TL Zucker
2 Pck. Sahnesteif
1 Pck. Vanillin-Zucker

etwa 25 g fein gehackte Pistazienkerne
oder etwa 40 g gehobelte Haselnusskerne
evtl. einige Haselnusskerne

PRO STÜCK:

E: 5 g, F: 18 g, Kh: 29 g, kcal: 307

1. Den Backofen vorheizen.
Ober-/Unterhitze: etwa 180 °C
Heißluft: etwa 160 °C

2. Für den Teig Butter oder Margarine zerlassen und abkühlen lassen. Eier in einer Rührschüssel mit einem Mixer (Rührstäbe) auf höchster Stufe in 1 Minute schaumig schlagen. Zucker mit Vanillin-Zucker mischen, in 1 Minute unter Rühren einstreuen, dann noch etwa 2 Minuten schlagen. Mehl mit Speisestärke und Backpulver mischen, kurz auf niedrigster Stufe unterrühren. Pistazienkerne und Butter oder Margarine unterheben.

3. Den Teig in eine Springform (Ø 26 cm, gefettet, mit Backpapier belegt) geben und glatt streichen. Die Form auf dem Rost in den vorgeheizten Backofen schieben. Den Biskuitboden **etwa 20 Minuten backen.**

4. Den Biskuitboden aus der Form lösen und auf einem Kuchenrost erkalten lassen. Boden einmal waagerecht durchschneiden. Den unteren Boden auf eine Tortenplatte legen. Mitgebackenes Backpapier entfernen.

5. Himbeeren in einem Sieb abtropfen lassen, den Saft auffangen und 250 ml abmessen.

6. Für die Füllung 50 g von der Sahne in einem Topf zum Kochen bringen. 12 Pralinen hinzugeben und bei schwacher Hitze unter Rühren schmelzen. Pralinenmasse erkalten lassen und kalt stellen.

7. Himbeeren (einige Himbeeren zum Garnieren beiseitelegen) auf dem unteren Boden verteilen, dabei einen etwa 1 cm breiten Rand frei lassen. Aus Tortengusspulver, Saft und nur 1 Teelöffel Zucker einen Guss nach Packungsanleitung zubereiten. Den Guss vorsichtig auf den Himbeeren verteilen, erkalten lassen.

8. Von der restlichen Sahne 250 g abmessen und mit einem Mixer (Rührstäbe) mit 1 Päckchen Sahnesteif steif schlagen. Pralinenmasse vorsichtig unterheben. Zwei Drittel der Pralinensahne auf den Himbeeren verteilen und glatt streichen. Den oberen Boden darauflegen. Restliche Pralinensahne in einen Spritzbeutel mit Lochtülle (Ø 10 mm) geben und kalt legen.

9. Restliche Sahne (200 g) mit dem Mixer (Rührstäbe) mit 1 Päckchen Sahnesteif und Vanillin-Zucker steif schlagen. Tortenoberfläche und -rand mit knapp einem Viertel der Sahne bestreichen. Restliche Sahne in einen Spritzbeutel mit Sterntülle (Ø 10 mm) füllen. Die Tortenoberfläche damit verzieren.

10. Den Tortenrand mit Pistazien- oder Haselnusskernen bestreuen. Beiseitegelegte Pralinensahne dekorativ auf die Tortenoberfläche spritzen. Mit beiseitegelegten Himbeeren, restlichen Pralinen und nach Belieben mit Haselnusskernen garnieren. Die Torte etwa 3 Stunden in den Kühlschrank stellen.

TIPPS:

Statt Himbeeren aus dem Glas können Sie alternativ auch 300 g TK-Himbeeren verwenden. Die aufgetauten Himbeeren in einem Sieb gut abtropfen lassen und mit etwa 50 g Zucker süßen. Dann für den Guss einen Fruchtsaft, z. B. Apfelsaft, verwenden.

NUSSTORTE, FRUCHTIG

Zubereitungszeit: 25 Minuten, ohne Abkühlzeit
Backzeit: etwa 45 Minuten

ZUTATEN FÜR 12 STÜCKE

FÜR DEN TEIG:

7 Eiweiß (Größe M)
7 Eigelb (Größe M)
250 g Zucker
1 Pck. Bourbon-Vanille-Zucker
500 g gem. Walnuss- oder Haselnusskerne
2 gestr. TL Backpulver
2 mittelgroße säuerliche Äpfel (350 g)
50 g gehackte Walnuss- oder Haselnusskerne

ZUM BESTREICHEN:

2 EL Apfelgelee

FÜR DEN GUSS:

200 g Zartbitter-Schokolade
(etwa 50 % Kakaoanteil)
2 TL Speiseöl, z. B Sonnenblumenöl

ZUM GARNIEREN:

16 Walnusskernhälften

PRO STÜCK:

E: 12 g, F: 40 g, Kh: 40 g, kcal: 564

1. Den Backofen vorheizen.
Ober-/Unterhitze: etwa 180 °C
Heißluft: etwa 160 °C

2. Für den Teig Eiweiß mit einem Mixer (Rührstäbe) steif schlagen. Eigelb, Zucker und Vanille-Zucker mit dem Mixer (Rührstäbe) auf höchster Stufe 6 Minuten schlagen. Gemahlene Nusskerne mit Backpulver sorgfältig vermischen und abwechselnd mit dem Eiweiß unter den Teig heben.

3. Äpfel schälen, vierteln, entkernen, grob raspeln und vorsichtig mit den gehackten Nusskernen unter den Teig heben. Den Teig in eine Springform (Ø 26 cm, gefettet, mit Backpapier belegt) füllen und glatt streichen. Die Form auf dem Rost in den vorgeheizten Backofen schieben und die Torte **etwa 45 Minuten backen.**

4. Die Torte etwa 10 Minuten in der Form auf einem Kuchenrost etwas abkühlen lassen, dann auf einen mit Backpapier belegten Kuchenrost stürzen. Mitgebackenes Backpapier abziehen.

5. Zum Bestreichen das Apfelgelee unter Rühren erhitzen, die noch warme Tortenoberfläche damit bestreichen. Torte erkalten lassen.

6. Für den Guss Schokolade in kleine Stücke brechen und mit dem Öl in einem kleinen Topf bei schwacher Hitze zu einer geschmeidigen Masse verrühren. Etwa 1 Esslöffel von der geschmeidigen Schokolade im Topf zurücklassen. Mit der restlichen Schokolade die Torte überziehen und mit den Walnusskernhälften garnieren. Den Guss etwas fest werden lassen. Zurückgelassene Schokolade evtl. nochmals bei schwacher Hitze geschmeidig rühren und die Torte damit besprenkeln.

ABWANDLUNG:

Statt mit Äpfeln können Sie die Nusstorte auch mit getrockneten Aprikosen zubereiten. Dann 200 g getrocknete, klein geschnittene Aprikosen in 100 ml Apfelsaft einweichen, etwas durchziehen lassen und anstelle der Apfelraspel unter den Teig geben.

PFIRSICH-FLAMMKUCHEN

Zubereitungszeit: 35 Minuten, ohne Teiggehzeit
Backzeit: etwa 15 Minuten

ZUTATEN FÜR 12 STÜCKE

FÜR DEN HEFETEIG:

200 g Weizenmehl (Type 550)
½ Pck. (21 g) frische Hefe
1 Prise Zucker, 100 ml lauwarmes Wasser

2 EL flüssiger Honig
3 EL Olivenöl

ZUM BESTREUEN:

40 g Zucker
2 EL fein geschnittene Zitronenmelisseblättchen
1 TL fein gehackte Zitronenthymianblättchen

FÜR DEN BELAG:

600 g Pfirsiche (etwa 5 Stück)

40 g zerlassene Butter
250 g Mascarpone (ital. Frischkäse)
20 g Zucker
1 Pck. Bourbon-Vanille-Zucker

PRO STÜCK:

E: 4 g, F: 14 g, Kh: 27 g, kcal: 255

1. Für den Teig Mehl in eine Rührschüssel geben. In die Mitte eine Vertiefung drücken und die Hefe hineinbröckeln. Zucker und etwas Wasser hinzufügen. Mit einem kleinen Teil des Mehls mit einer Gabel vorsichtig verrühren und etwa 10 Minuten gehen lassen.

2. Honig, restliches Wasser und Olivenöl hinzufügen. Zutaten mit einem Mixer (Knethaken) zunächst kurz auf niedrigster, dann auf höchster Stufe in etwa 5 Minuten zu einem glatten Teig verarbeiten. Den Teig mit Mehl bestäuben und zugedeckt so lange an einem warmen Ort gehen lassen, bis er sich sichtbar vergrößert hat (etwa 30 Minuten).

3. Inzwischen zum Bestreuen Zucker mit Zitronenmelisse und -thymian in einer kleinen Schüssel gut verrühren und etwa 30 Minuten ziehen lassen.

4. Für den Belag Pfirsiche heiß abspülen, abtrocknen, halbieren und entsteinen. Pfirsichhälften in schmale Spalten schneiden.

5. Den Backofen vorheizen.
Ober-/Unterhitze: etwa 200 °C
Heißluft: etwa 180 °C

6. Den gegangenen Teig leicht mit Mehl bestäuben, aus der Schüssel nehmen und auf einer bemehlten Arbeitsfläche nochmals gut durchkneten. Den Teig halbieren. Die Teighälften jeweils zu 2 ovalen Platten (je etwa 30 x 15 cm) ausrollen. Die Teigränder etwas hochdrücken, sodass eine kleine Kante entsteht. Die Teigböden mehrmals mit einer Gabel einstechen. Die Teigplatten auf ein Backblech (30 x 40 cm, mit Backpapier belegt) legen und mit einem Teil der zerlassenen Butter bestreichen.

7. Mascarpone mit Zucker und Vanille-Zucker verrühren und auf den Teigplatten verteilen, dabei am Rand (Teigkante) jeweils etwa 1 cm frei lassen. Die Pfirsichspalten auf die Creme legen, mit dem Zitronen-Thymian-Zucker, bis auf 1 Esslöffel, bestreuen und mit der restlichen Butter beträufeln.

8. Das Backblech in den vorgeheizten Backofen schieben. Die Flammkuchen **etwa 15 Minuten backen.**

9. Die Pfirsich-Flammkuchen aus dem Backofen nehmen, auf einen Kuchenrost stellen, sofort mit dem restlichen Zitronen-Thymian-Zucker bestreuen und erkalten lassen.

PFLAUMEN-HIRSE-KUCHEN

Zubereitungszeit: 35 Minuten,
ohne Quell- und Abkühlzeit
Backzeit: etwa 30 Minuten

ZUTATEN FÜR 20 STÜCKE

ZUM VORBEREITEN:

600 ml Wasser
200 g Hirse
1 Stange Zimt

FÜR DEN BELAG:

1,2 kg reife Pflaumen

FÜR DEN HIRSEBODEN:

3 Eier (Größe M)
100 g brauner Zucker
50 g Kartoffelmehl
1 gestr. TL Backpulver
1 EL neutrales Speiseöl

ZUM BESTREICHEN:

100 g Aprikosenkonfitüre

PRO STÜCK:

E: 2 g, F: 2 g, Kh: 23 g, kcal: 120

1. Zum Vorbereiten Wasser in einem Topf zum Kochen bringen. Hirse und Zimtstange hinzugeben, umrühren und aufkochen. Hirse zugedeckt etwa 20 Minuten bei schwacher Hitze quellen lassen, bis die Flüssigkeit aufgesogen ist. Hirse erkalten lassen. Zimtstange entfernen.

2. Für den Belag die Pflaumen abspülen, trocken tupfen, halbieren und entsteinen. Die Pflaumenhälften nochmals längs durchschneiden.

3. Den Backofen vorheizen.
Ober-/Unterhitze: etwa 180 °C
Heißluft: etwa 160 °C

4. Für den Hirseboden die Eier in einer Rührschüssel mit einem Mixer (Rührstäbe) kurz aufschlagen. Zucker und 1 Prise Salz in 1 Minute einstreuen, dann noch etwa 2 Minuten schlagen. Kartoffelmehl mit Backpulver mischen. Zuerst Hirse, dann das Kartoffelmehlgemisch und das Öl kurz auf niedrigster Stufe unter die Eiermasse rühren.

5. Den Hirseteig auf ein Backblech (30 x 40 cm, gefettet, mit Kartoffelmehl bestäubt) geben und glatt streichen. Einen Backrahmen darumstellen. Die Pflaumenspalten dachziegelartig in Reihen auf den Teig legen.

6. Das Backblech in den vorgeheizten Backofen schieben. Den Kuchen **etwa 30 Minuten backen.**

7. Das Backblech auf einen Kuchenrost stellen, den Kuchen erkalten lassen.

8. Zum Bestreichen Konfitüre in einem kleinen Topf mit einem Pürierstab pürieren und erhitzen. Die Pflaumenspalten mit der Konfitüre bestreichen und erkalten lassen. Den Backrahmen lösen und entfernen.

TIPPS:

Statt der Zimtstange können Sie auch die Schale von ½ Bio-Zitrone (unbehandelt, ungewachst) verwenden. Dafür die Zitrone heiß abwaschen, abtrocknen und dünn schälen. Kartoffelmehl können Sie auch durch Maisstärke ersetzen.

PFLAUMENKUCHEN FRIESISCHE ART

Zubereitungszeit: 40 Minuten, ohne Abkühlzeit
Backzeit: etwa 45 Minuten

ZUTATEN FÜR 18 STÜCKE

ZUM VORBEREITEN:

250 g Butter

FÜR DEN STREUSELTEIG:

375 g Weizenmehl
120 g Zucker
1 Pck. Vanillin-Zucker
½ gestr. TL gem. Zimt
1 Ei (Größe M)

FÜR DEN BELAG:

330 g Holsteiner Pflaumenmus, stückig
395 g abgetropfte Pflaumenhälften (aus dem Glas)
1 kg Magerquark
125 g Schlagsahne
75 g Zucker
1 Pck. Pudding-Pulver Vanille-Geschmack
3 Eier (Größe M)

ZUM BESTÄUBEN:

evtl. etwas Puderzucker

PRO STÜCK:

E: 11 g, F: 16 g, Kh: 43 g, kcal: 362

1. Zum Vorbereiten Butter in einem kleinen Topf zerlassen und abkühlen lassen.

2. Für den Teig Mehl in eine Rührschüssel geben. Zucker, Vanillin-Zucker, Zimt, Ei und 175 g von der zerlassenen Butter hinzufügen. Die Zutaten mit einem Mixer (Rührstäbe) zunächst kurz auf niedrigster, dann auf höchster Stufe zu Streuseln von gewünschter Größe verarbeiten.

3. Einen Backrahmen auf ein Backblech (30 x 40 cm, gefettet) stellen. Zwei Drittel der Teigstreusel auf dem Backblech verteilen und zu einem Boden andrücken.

4. Den Backofen vorheizen.
Ober-/Unterhitze: etwa 180 °C
Heißluft: etwa 160 °C

5. Für den Belag Pflaumenmus auf den Streuselboden geben und glatt streichen. Die Pflaumenhälften darauf verteilen.

6. Quark mit Sahne, Zucker, Pudding-Pulver, Eiern und der restlichen zerlassenen Butter gut verrühren. Die Quark-Sahne-Masse vorsichtig auf den Pflaumenhälften verteilen. Restliche Teigstreusel daraufstreuen. Das Backblech in den vorgeheizten Backofen schieben. Den Kuchen **etwa 45 Minuten backen.**

7. Das Backblech auf einen Kuchenrost stellen. Den Pflaumenkuchen erkalten lassen, in Stücke schneiden und nach Belieben mit Puderzucker bestäuben.

PFLAUMENMUS-NUSS-TORTE

Zubereitungszeit: 45 Minuten, ohne Kühlzeit
Backzeit: 25–30 Minuten

ZUTATEN FÜR 12 STÜCKE

FÜR DEN BISKUITTEIG:

4 Eier (Größe M)
4 EL heißes Wasser
175 g Zucker
1 Pck. Vanillin-Zucker
150 g Weizenmehl
50 g Speisestärke
2 gestr. TL Backpulver

FÜR DIE CREME:

750 g Schlagsahne (mind. 30 % Fett)
1 Pck. Sahnesteif
50 g Zucker
1 Pck. Vanillin-Zucker
125 g gem. Walnuss- oder Haselnusskerne

225 g Pflaumenmus

ZUM GARNIEREN UND BESTÄUBEN:

einige Walnuss- oder Haselnusskerne
etwas Kakaopulver

PRO STÜCK:

E: 7 g, F: 30 g, Kh: 47 g, kcal: 489

1. Den Backofen vorheizen.
Ober-/Unterhitze: etwa 180 °C
Heißluft: etwa 160 °C

2. Für den Teig Eier und Wasser in einer Rührschüssel mit einem Mixer (Rührstäbe) auf höchster Stufe in etwa 1 Minute schaumig schlagen. Zucker mit Vanillin-Zucker mischen, in etwa 1 Minute einstreuen, dann noch etwa 2 Minuten schlagen.

3. Mehl mit Speisestärke und Backpulver mischen. Die Hälfte davon auf die Eiercreme geben und kurz auf niedrigster Stufe unterrühren. Restliches Mehlgemisch auf die gleiche Weise unterarbeiten. Den Teig in eine Springform (Ø 26 cm, gefettet, mit Backpapier belegt) füllen und glatt streichen. Den Biskuitboden **25–30 Minuten backen.**

4. Die Form auf einen Kuchenrost stellen. Boden etwas abkühlen lassen. Dann aus der Form lösen und auf einen mit Backpapier belegten Kuchenrost stürzen. Mitgebackenes Backpapier abziehen. Den Boden erkalten lassen und zweimal waagerecht durchschneiden. Unteren Boden auf eine Tortenplatte legen.

5. Für die Creme Sahne mit dem Mixer (Rührstäbe) mit Sahnesteif, Zucker und Vanillin-Zucker steif schlagen.

6. Von der Sahne etwa 3 Esslöffel abnehmen, in einen Spritzbeutel mit Sterntülle füllen und in den Kühlschrank legen. Nusskerne unter die restliche Sahne heben.

7. Pflaumenmus durchrühren. Den untersten und mittleren Biskuitboden mit dem Pflaumenmus bestreichen, dabei einen schmalen Rand frei lassen.

8. Ein Drittel der Nuss-Sahne auf den unteren Boden streichen und den zweiten bestrichenen Boden darauflegen. Die Hälfte der restlichen Nuss-Sahne darauf verstreichen. Den oberen unbestrichenen Boden darauflegen und leicht andrücken.

9. Die Torte rundherum mit der restlichen Nuss-Sahne bestreichen. Mit der Sahne aus dem Spritzbeutel Tuffs auf die Tortenoberfläche spritzen. Die Torte mit Nusskernen garnieren und mit Kakao bestäuben.

PFLAUMEN-STREUSEL-STRUDEL

Zubereitungszeit: 50 Minuten, ohne Teiggeh- und Abkühlzeit
Backzeit: etwa 30 Minuten

ZUTATEN FÜR 20 STÜCKE

FÜR DEN HEFETEIG:

150 ml lauwarme Milch (3,5 % Fett)
15 g frische Hefe
250 g Weizenmehl (Type 550)
40 g Zucker
1 Pck. Vanillin-Zucker
½ gestr. TL Salz
35 g Butter (zimmerwarm)
1 Eigelb (Größe M)

FÜR DIE STREUSEL:

120 g brauner Zucker
¼ gestr. TL Salz
1 Pck. Vanillin-Zucker
200 g Weizenmehl (Type 550)
1 gestr. TL Backpulver
125 g kalte Butter in Stückchen

FÜR DIE FÜLLUNG:

150 g Marzipan-Rohmasse
75 ml Milch (3,5 % Fett)
2 EL Zucker
1 TL ger. Bio-Zitronenschale (unbehandelt, ungewachst)
350 g Pflaumenmus (aus dem Glas)

ZUM BESTREICHEN:

1 Eigelb
1 EL Milch

ZUM BESTÄUBEN:

etwas Puderzucker

PRO STÜCK:

E: 4 g, F: 10 g, Kh: 50 g, kcal: 272

1. Für den Teig 50 ml Milch, zerbröselte Hefe, je 1 Teelöffel Weizenmehl und Zucker in einer großen Tasse verrühren. Zugedeckt etwa 5 Minuten gehen lassen.

2. Restliches Mehl, restlichen Zucker, Vanillin-Zucker und Salz in einer Rührschüssel mischen. Butter, Eigelb und restliche Milch hinzugeben. Die Zutaten mit dem Mixer (Knethaken) zunächst kurz auf niedrigster Stufe, dann auf mittlerer Stufe etwa 8 Minuten durchkneten. Den Teig mit den Händen nochmals kurz durchkneten und zu einer glatten Teigkugel formen.

3. Eine große Schüssel dünn mit Mehl ausstäuben. Die Teigkugel hineinlegen und zugedeckt an einem warmen Ort etwa 45 Minuten gehen lassen

4. In der Zwischenzeit für die Streusel Zucker, Salz, Vanillin-Zucker, Weizenmehl und Backpulver in einer Rührschüssel mischen. Butterstückchen hinzugeben und alles mit dem Mixer (Knethaken) zu Streuseln verkneten. Die Streusel zugedeckt in den Kühlschrank stellen.

5. Für die Füllung Marzipan grob reiben, mit Milch, Zucker und Zitronenschale in einem Topf unter Rühren erhitzen und glatt rühren.

6. Den gegangenen Teig nochmals durchkneten und auf einer bemehlten Arbeitsfläche zu einem Rechteck (etwa 35 x 30 cm) ausrollen. Marzipancreme auf dem Teigrechteck verstreichen, dabei rundum einen Rand frei lassen. Pflaumenmus auf der Marzipancreme verteilen.

7. Den Teig von beiden Seiten zur Mitte hin überklappen und aufrollen. Die Rolle auf ein Backblech (mit Backpapier belegt) setzen, vorsichtig flach drücken, sodass ein etwa 4 cm hoher Strudel entsteht. Zum Bestreichen Eigelb und Milch verschlagen, den Strudel damit bestreichen. Die kalt gestellten Streusel gleichmäßig daraufstreuen und leicht andrücken. Den Strudel nochmals zugedeckt an einem warmen Ort etwa 25 Minuten gehen lassen.

8. Den Backofen vorheizen.
Ober-/Unterhitze: etwa 180 °C
Heißluft: etwa 160 °C

9. Das Backblech in den vorgeheizten Backofen schieben. Den Strudel **in etwa 30 Minuten goldbraun backen.**

10. Das Backblech auf einen Kuchenrost stellen. Den Strudel auf dem Backblech erkalten lassen. Dann vor dem Servieren mit Puderzucker bestäuben.

TIPP:

Dazu steifgeschlagene Sahne servieren.

PFLAUMEN-TIRAMISU-SCHNITTEN

● Zubereitungszeit: 40 Minuten, ohne Kühlzeit
Backzeit: etwa 15 Minuten
▲ Mit Alkohol

ZUTATEN FÜR 18 STÜCKE

FÜR DEN BISKUITTEIG:

2 Eier (Größe M), 2 EL Wasser
80 g Zucker
1 Pck. Vanillin-Zucker
75 g Weizenmehl
50 g abgezogene, gem. Mandeln
1 gestr. TL Backpulver

FÜR DIE FÜLLUNG:

750 g Pflaumen
75 g Zucker
300 ml roter Traubensaft
1 Pck. Rote Grütze Himbeer-Geschmack (Dessertpulver)
60 g Zucker
100 g Löffelbiskuits

etwa 3 EL Mandellikör oder Trauben- oder Apfelsaft

FÜR DEN BELAG:

2 Blatt weiße Gelatine
250 g Ricotta (ital. Frischkäse)
50 g Zucker
250 g Schlagsahne (mind. 30 % Fett)
etwa 30 g geraspelte Zartbitter-Schokolade

PRO STÜCK:

E: 5 g, F: 10 g, Kh: 33 g, kcal: 238

1. Den Backofen vorheizen.
Ober-/Unterhitze: etwa 180 °C
Heißluft: etwa 160 °C

2. Für den Teig Eier und Wasser in einer Rührschüssel mit einem Mixer (Rührstäbe) auf höchster Stufe in 1 Minute schaumig schlagen. Zucker mit Vanillin-Zucker mischen, in 1 Minute unter Rühren einstreuen, dann noch etwa 2 Minuten schlagen. Mehl, Mandeln und Backpulver mischen, kurz auf niedrigster Stufe unterrühren. Einen Backrahmen von 20 x 30 cm auf ein Backblech (30 x 40 cm, mit Backpapier belegt) stellen. Teig im Backrahmen verteilen und glatt streichen. Backblech in den vorgeheizten Backofen schieben und den Biskuit **etwa 15 Minuten backen.**

3. Das Backblech auf einen Kuchenrost stellen. Die Biskuitplatte erkalten lassen.

4. Für die Füllung Pflaumen abspülen, trocken tupfen, entstielen, halbieren, entsteinen und vierteln. Pflaumenviertel mit Zucker und 200 ml des Traubensaftes in einem Topf zum Kochen bringen und etwa 2 Minuten bei schwacher Hitze kochen lassen. Restlichen Traubensaft mit dem Rote-Grütze-Pulver und dem Zucker anrühren, unter die Pflaumenmasse rühren und unter Rühren aufkochen lassen. Das Pflaumenkompott unter gelegentlichem Rühren abkühlen lassen. Kompott lauwarm auf der Biskuitplatte glatt verstreichen. Löffelbiskuits darauf verteilen und mit dem Likör oder Fruchtsaft tränken. Kuchen etwa 2 Stunden in den Kühlschrank stellen.

5. Für den Belag Gelatine einweichen. Eingeweichte Gelatine leicht ausdrücken und in einem kleinen Topf unter Rühren auflösen. Ricotta mit Zucker in einer Rührschüssel verrühren. Gelatine unter die Ricottamasse rühren. Sahne mit dem Mixer (Rührstäbe) steif schlagen und unter die Ricottamasse heben. Die Ricottasahne auf den Löffelbiskuits verteilen und glatt streichen. Den Kuchen wieder etwa 1 Stunde in den Kühlschrank stellen.

6. Backrahmen lösen und entfernen, mitgebackenes Backpapier entfernen. Pflaumen-Tiramisu-Schnitten mit geraspelter Schokolade bestreuen.

PINK-GRAPEFRUIT-BIRNENKUCHEN

Zubereitungszeit: 50 Minuten, ohne Abkühlzeit
Backzeit: etwa 40 Minuten

ZUTATEN FÜR 20 STÜCKE

FÜR DEN STREUSELTEIG:

200 g Weizenmehl, 70 g Zucker
150 g Butter oder Margarine (zimmerwarm)

FÜR DEN RÜHRTEIG:

200 g Butter oder Margarine (zimmerwarm)
150 g Puderzucker
1 Pck. Vanillin-Zucker
3 Eier (Größe M)
150 g Weizenmehl
1 gestr. TL Backpulver
1 Pck. Pudding-Pulver Vanille-Geschmack
100 g abgezogene, gem. Mandeln

FÜR DEN BELAG:

460 g abgetropfte Birnenhälften (aus der Dose)
4–5 Pink Grapefruits

ZUM BESTREICHEN:

etwa 3 EL Zitronen- oder Apfelgelee
1–2 EL Grapefruitsaft

PRO STÜCK:

E: 5 g, F: 19 g, Kh: 37 g, kcal: 339

1. Den Backofen vorheizen.
Ober-/Unterhitze: etwa 180 °C
Heißluft: etwa 160 °C

2. Für den Streuselteig Mehl in eine Rührschüssel geben. Zucker und Butter oder Margarine hinzufügen. Die Zutaten mit einem Mixer (Rührstäbe) zunächst kurz auf niedrigster, dann auf höchster Stufe zu Streuseln verarbeiten.

3. Einen Backrahmen auf ein Backblech (30 x 40 cm, gefettet) stellen. Den Streuselteig daraufgeben und zu einem Boden andrücken. Das Backblech in den vorgeheizten Backofen schieben. Den Boden **etwa 10 Minuten backen.**

4. Das Backblech auf einen Kuchenrost stellen. Den Streuselboden erkalten lassen.

5. Für den Rührteig Butter oder Margarine in einer Rührschüssel mit dem Mixer (Rührstäbe) geschmeidig rühren. Nach und nach Puderzucker und Vanillin-Zucker unterrühren. So lange rühren, bis eine gebundene Masse entstanden ist.

6. Eier nach und nach unterrühren (jedes Ei etwa ½ Minute). Mehl mit Backpulver und Pudding-Pulver mischen, in 2 Portionen kurz auf mittlerer Stufe unterrühren. Mandeln unterrühren. Den Teig auf den Streuselboden geben und glatt streichen.

7. Für den Belag von den Birnenhälften den Saft auffangen. Birnenhälften dritteln. Die Grapefruits so schälen, dass die weiße Haut vollständig entfernt wird. Grapefruits filetieren, in ein Sieb geben, abtropfen lassen und den Saft auffangen.

8. Birnenstücke und Grapefruitfilets abwechselnd in Streifen auf den Rührteig legen. Das Backblech wieder in den heißen Backofen schieben. Den Kuchen **bei gleicher Backofentemperatur in etwa 30 Minuten fertig backen.**

9. Das Backblech auf einen Kuchenrost stellen.

10. Zum Bestreichen Zitronen- oder Apfelgelee mit dem Grapefruitsaft in einem kleinen Topf unter Rühren aufkochen. Den heißen Kuchen mithilfe eines Backpinsels damit bestreichen. Den Kuchen erkalten lassen und in Stücke schneiden.

TIPP:

Geschlagene Sahne dazureichen.

PISCHINGER TORTE

● Zubereitungszeit: 45 Minuten, ohne Kühlzeit

ZUTATEN FÜR 12 STÜCKE

FÜR DEN KROKANT:

1 Msp. Butter
60 g Zucker
125 g abgezogene, gehackte Mandeln

FÜR DIE BUTTERCREME:

3 Eier (Größe M)
50 g Puderzucker
200 g Zartbitter-Schokolade
(etwa 50 % Kakaoanteil)
250 g Butter (zimmerwarm)

FÜR DEN GUSS:

150 g Zartbitter-Schokolade
(etwa 50 % Kakaoanteil)

etwas Kokosfett

ZUSÄTZLICH:

8 Karlsbader Oblaten (Ø 16–18 cm)

PRO STÜCK:

E: 7 g, F: 37 g, Kh: 35 g, kcal: 499

1. Für den Krokant Butter und Zucker in einer Pfanne unter Rühren erhitzen, bis der Zucker gelöst und leicht gebräunt ist. Mandeln hinzufügen, unter Rühren erhitzen, bis der Krokant genügend gebräunt ist. Die Krokantmasse auf ein Backblech (30 x 40 cm, mit Backpapier belegt) geben und erkalten lassen. Die Krokantmasse mit einer Teigrolle zerdrücken.

2. Für die Buttercreme Eier und Puderzucker in eine Edelstahlschüssel oder feuerfeste Schüssel geben und im heißen Wasserbad bei mittlerer Hitze mit einem Mixer (Rührstäbe) so lange schaumig rühren, bis eine dickliche Masse entstanden ist. Dann die Schüssel aus dem Wasserbad nehmen.

3. Schokolade in kleine Stücke brechen, in einem kleinen Topf im heißen Wasserbad bei schwacher Hitze unter Rühren schmelzen.

4. Schokolade unter die Eiermasse rühren und erkalten lassen. Butter mit dem Mixer (Rührstäbe) auf höchster Stufe geschmeidig rühren. Nach und nach die Ei-Schokoladen-Masse unterrühren. (2 Esslöffel der Buttercreme abnehmen und beiseitestellen). Krokant vorsichtig unter die Buttercreme rühren.

5. Die Buttercreme auf die 8 Oblaten streichen und zu einer Torte zusammensetzen. Den Tortenrand mit der beiseitegestellten Schokoladencreme bestreichen.

6. Die Torte kalt stellen und die Buttercreme fest werden lassen.

7. Für den Guss Schokolade in kleine Stücke brechen, mit Kokosfett in einem kleinen Topf im heißen Wasserbad bei schwacher Hitze unter Rühren schmelzen. Tortenoberfläche und -rand mit dem Guss überziehen. Guss fest werden lassen. Die Torte gut gekühlt servieren.

PREISELBEER-SCHOKO-TORTE

Zubereitungszeit: 45 Minuten, ohne Kühlzeit
Backzeit: etwa 25 Minuten

ZUTATEN FÜR 12 STÜCKE

FÜR DEN BISKUITTEIG:

100 g Weizenmehl
25 g Speisestärke
½ TL Backpulver
10 g Kakaopulver
½ TL gem. Zimt
4 Eier (Größe M)
3 EL heißes Wasser
100 g Zucker
1 Pck. Vanillin-Zucker

FÜR DIE FÜLLUNG:

100 g Vollmilch-Kuvertüre
100 g Halbbitter-Kuvertüre
175 g abgetropfte Wild-Preiselbeeren in Sirup (aus dem Glas)
250 ml Saft von den Wild-Preiselbeeren (mit Wasser aufgefüllt)
1 Pck. ungezuckerter Tortenguss, rot
30 g Zucker
2 EL Zitronensaft
600 g Schlagsahne (mind. 30 % Fett)
2 Pck. Sahnesteif

ZUM GARNIEREN:

etwa 50 g Wild-Preiselbeeren
etwa 30 g Kuvertüre

PRO STÜCK:

E: 6 g, F: 24 g, Kh: 37 g, kcal: 397

1. Den Backofen vorheizen.
Ober-/Unterhitze: etwa 180 °C
Heißluft: etwa 160 °C

2. Für den Teig Mehl, Speisestärke, Backpulver, Kakao und Zimt in eine Schüssel geben und mit einem Schneebesen verrühren.

3. Eier und Wasser mit einem Mixer (Rührstäbe) auf höchster Stufe in 1 Minute schaumig schlagen. Zucker mit Vanillin-Zucker mischen, in 1 Minute einstreuen, dann noch etwa 2 Minuten weiterschlagen. Mehlgemisch in 3 Portionen auf die Eiercreme geben und jeweils kurz auf niedrigster Stufe unterrühren.

4. Den Teig in eine Springform (Ø 26 cm, gefettet, mit Backpapier belegt) füllen. Die Form auf dem Rost in den vorgeheizten Backofen schieben und den Boden **etwa 25 Minuten backen**.

5. Die Form auf einen Kuchenrost stellen. Nach etwa 5 Minuten den Biskuitboden mit einem Messer aus der Form lösen, auf einen mit Backpapier belegten Kuchenrost stürzen. Mitgebackenes Backpapier abziehen. Biskuitboden erkalten lassen, einmal waagerecht durchschneiden.

6. Für die Füllung Kuvertüre grob hacken und in einem kleinen Topf im heißen Wasserbad bei schwacher Hitze unter Rühren schmelzen. Die Kuvertüre abkühlen lassen.

7. Preiselbeeren in einem Sieb abtropfen lassen, dabei den Saft auffangen. Den aufgefangenen Saft mit Wasser auf 250 ml auffüllen. Aus der Preiselbeersaft-Wasser-Mischung, Tortenguss und Zucker nach Packungsanleitung einen Guss zubereiten. Preiselbeeren und Zitronensaft unter den Guss rühren, die Fruchtmasse etwas abkühlen lassen.

8. Den unteren Biskuitboden auf eine Tortenplatte legen. Die Fruchtmasse darauf verteilen, dabei rundherum einen etwa 1 cm breiten Rand frei lassen. Sahne mit dem Mixer (Rührstäbe) mit Sahnesteif steif schlagen. 2 Esslöffel von der Sahne mit der abgekühlten Kuvertüre verrühren, dann die Kuvertüremasse nach und nach unter die übrige Sahne rühren.

9. Die Hälfte der Schokoladensahne auf die Fruchtmasse streichen und den oberen Biskuitboden darauflegen. Tortenoberfläche und -rand mit der restlichen Schokoladensahne bestreichen und verzieren. In die Tortenoberfläche mit einer Gabel ein Muster ziehen. Die Torte 2–3 Stunden kalt stellen.

10. Vor dem Servieren einige Kleckse Preiselbeeren auf die Torte geben. Mit einem Sparschäler etwas Kuvertüre über die Torte hobeln.

TIPP:

Die Torte lässt sich gut bereits am Vortag zubereiten und mit Folie bedeckt kühl lagern.

PUDDINGSCHNECKEN

Zubereitungszeit: 50 Minuten, ohne Teiggehzeit
Backzeit: etwa 15 Minuten je Backblech

ZUTATEN FÜR 30 STÜCK (3–4 BACKBLECHE)

FÜR DEN HEFETEIG:

125 ml Milch (3,5 % Fett)
100 g Butter oder Margarine
500 g Weizenmehl
1 Pck. Trockenbackhefe
50 g Zucker
1 Pck. Vanillin-Zucker
2 Eier (Größe M)

FÜR DIE FÜLLUNG:

2 Pck. Pudding-Pulver Vanille-Geschmack
750 ml Milch (3,5 % Fett)
80 g Zucker
100 g Rosinen

ZUM APRIKOTIEREN:

4 EL Aprikosenkonfitüre
2 EL Wasser

PRO STÜCK:

E: 3 g, F: 4 g, Kh: 25 g, kcal: 156

1. Für den Teig Milch in einem kleinen Topf erwärmen und die Butter oder Margarine darin zerlassen.

2. Mehl in einer Rührschüssel mit Trockenbackhefe sorgfältig vermischen. Übrige Teigzutaten und die warme Sahne-Fett-Mischung hinzufügen und mit einem Mixer (Knethaken) kurz auf niedrigster, dann auf höchster Stufe in etwa 5 Minuten zu einem glatten Teig verarbeiten. Den Teig zugedeckt so lange an einem warmen Ort gehen lassen, bis er sich sichtbar vergrößert hat.

3. Für die Füllung aus Pudding-Pulver, Milch und Zucker nach Packungsanleitung, aber mit nur 750 ml Milch, einen Pudding zubereiten und erkalten lassen, dabei ab und zu umrühren. Anschließend die Rosinen unterrühren.

4. Den Backofen vorheizen.
Ober-/Unterhitze: etwa 200 °C
Heißluft: etwa 180 °C

5. Den Teig leicht mit Mehl bestäuben, aus der Schüssel nehmen und auf der leicht bemehlten Arbeitsfläche nochmals kurz durchkneten.

6. Den Teig zu einem Rechteck (etwa 60 x 40 cm) ausrollen und mit dem Pudding bestreichen. Den Teig von der längeren Seite aus aufrollen, in etwa 2 cm dicke Scheiben schneiden. 6–8 Scheiben mit Abstand auf ein Backblech (mit Backpapier belegt) legen und die übrigen Scheiben auf Backpapier legen.

7. Die Scheiben nochmals so lange an einem warmen Ort gehen lassen, bis sie sich sichtbar vergrößert haben. Das Backblech in den vorgeheizten Backofen schieben. Die Puddingschnecken **etwa 15 Minuten backen.**

8. Zum Aprikotieren Konfitüre durch ein Sieb streichen, mit Wasser unter Rühren etwas einkochen lassen und das Gebäck sofort nach dem Backen damit bestreichen. Die übrigen Puddingschnecken wie angegeben backen und aprikotieren.

9. Die Puddingschnecken auf einem Kuchenrost erkalten lassen.

TIPP:

Bei Heißluft können Sie auch 2–3 Backbleche auf einmal in den Backofen schieben.

PUMPERNICKEL-KIRSCH-TORTE

Zubereitungszeit: 60 Minuten, ohne Kühlzeit
Backzeit: 35–40 Minuten

ZUTATEN FÜR 16 STÜCKE

FÜR DEN KNETTEIG:

120 g Weizenmehl
1 gestr. TL Kakaopulver
1 Msp. Backpulver
40 g brauner Zucker (Rohrzucker)
60 g Butter
1 EL Milch

FÜR DEN BISKUITTEIG:

100 g Pumpernickel
100 g abgezogene, gem. Mandeln
3 Eier (Größe M)
80 g brauner Zucker (Rohrzucker)
1 Pck. Bourbon-Vanille-Zucker
100 g Weizenmehl
1 gestr. TL Backpulver

ZUM BESTREICHEN:

2 EL schwarzes Johannisbeergelee

FÜR DIE FÜLLUNG:

370 g abgetropfte Sauerkirschen (aus dem Glas)
250 ml Kirschsaft (aus dem Glas)
1 Pck. ungezuckerter Tortenguss, klar
1 TL Zucker
4 Blatt weiße Gelatine
500 g Schlagsahne (mind. 30 % Fett)
30 g Puderzucker

FÜR DEN BELAG:

100 g Zartbitter-Schokolade
(etwa 50 % Kakaoanteil)
1 TL Speiseöl

ZUM BESTÄUBEN:

etwa 1 geh. TL Kakaopulver
½ TL Puderzucker

PRO STÜCK:

E: 6 g, F: 21 g, Kh: 36 g, kcal: 357

1. Für den Knetteig Mehl mit Kakao und Backpulver in einer Rührschüssel mischen. Restliche Zutaten hinzufügen und mit einem Mixer (Knethaken) zunächst kurz auf niedrigster, dann auf höchster Stufe zu einem glatten Teig verarbeiten.

2. Den Teig in Frischhaltefolie gewickelt etwa 30 Minuten kalt stellen.

3. Den Backofen vorheizen.
Ober-/Unterhitze: etwa 180 °C
Heißluft: etwa 160 °C

4. Den Teig auf dem Boden einer Springform (Ø 26 cm, gefettet) ausrollen. Teigboden mehrmals mit einer Gabel einstechen. Einen Springformrand darumstellen. Die Form auf dem Rost in den vorgeheizten Backofen schieben. Den Knetteigboden **etwa 10 Minuten backen.**

5. Den Knetteigboden sofort vom Springformboden lösen, aber darauf auf einem Kuchenrost erkalten lassen.

6. Für den Biskuitteig Pumpernickelscheiben in einem Blitzhacker ganz fein hacken, mit den Mandeln gut vermischen. Eier in einer Rührschüssel mit dem Mixer (Rührstäbe) auf höchster Stufe in 1 Minute schaumig schlagen. Zucker und Vanille-Zucker mischen, in einer Minute einstreuen, dann noch 2 Minuten schlagen.

7. Mehl mit Backpulver mischen und kurz auf niedrigster Stufe unterrühren. Pumpernickel-Mandel-Mischung unterheben. Den Teig in eine Springform (Ø 26 cm, mit Backpapier belegt) geben und glatt streichen. Die Form auf dem Rost in den vorgeheizten Backofen schieben. Den Biskuitboden **bei gleicher Backofentemperatur 25–30 Minuten backen.**

8. Den Biskuitboden aus der Form lösen, auf einen mit Backpapier belegten Kuchenrost stürzen und erkalten lassen. Mitgebackenes Backpapier entfernen.

9. Den Knetteigboden auf eine Tortenplatte legen und mit Gelee bestreichen. Den Biskuitboden einmal waagerecht durchschneiden. Den unteren Boden auf den Knetteigboden legen.

10. Für die Füllung Sauerkirschen in einem Sieb abtropfen lassen, den Saft auffangen und 250 ml abmessen. Die Sauerkirschen auf dem unteren Biskuitboden verteilen, dabei einen etwa 1 cm breiten Rand frei lassen. Aus Kirschsaft, Tortengusspulver und Zucker einen Guss nach Packungsanleitung zubereiten. Den Guss sofort auf den Sauerkirschen verteilen. Die Torte etwa 30 Minuten in den Kühlschrank stellen.

11. Gelatine nach Packungsanleitung einweichen. Sahne mit dem Mixer (Rührstäbe) steif schlagen. Gelatine leicht ausdrücken, in einem kleinen Topf unter Rühren auflösen. Gelatine unter die Sahne rühren. Puderzucker unterrühren. gut die Hälfte der Sahne auf den Sauerkirschen verteilen. Den oberen Biskuitboden darauflegen. Tortenoberfläche und -rand mit der restlichen Sahne bestreichen. Tortenrand mit einem Tortengarnierkamm verzieren. Die Torte etwa 2 Stunden in den Kühlschrank stellen.

12. Für den Belag Schokolade in Stücke brechen, mit Speiseöl in einem kleinen Topf im heißen Wasserbad bei schwacher Hitze unter Rühren schmelzen. Die Schokolade auf eine mit Backpapier belegte Platte gießen und zu einem Kreis (Ø etwa 24 cm) verstreichen. Schokolade fest werden lassen. Die Schokoladenplatte in Stücke brechen und in die Tortenoberfläche stecken.

13. Zum Bestäuben Kakao mit Puderzucker mischen. Die Torte damit bestäuben.

PUNSCHROLLE

◷ Zubereitungszeit: 50 Minuten, ohne Kühlzeit
Backzeit: etwa 15 Minuten
▲ Mit Alkohol

ZUTATEN FÜR 16 STÜCKE

FÜR DEN BISKUITTEIG:

5 Eier (Größe M)
150 g Zucker
3 EL heißes Wasser
1 Pck. Vanillin-Zucker
120 g Weizenmehl
30 g gesiebtes Kakaopulver
1 gestr. TL Backpulver

FÜR DIE FRUCHTPUNSCH-FÜLLUNG:

4–5 Blatt weiße Gelatine
1 TL Bio-Orangenschale (unbehandelt, ungewachst)
½ TL Bio-Zitronenschale (unbehandelt, ungewachst)
200 ml trockener Rotwein oder Kirschsaft
200 ml frisch gepresster Orangensaft
50–60 g brauner Zucker (je nach Wein und Geschmack; bei Verwendung von ausschließlich Fruchtsaft Zucker ggf. reduzieren)
1 Beutel Punschgewürz oder ½ –1 gestr. TL Lebkuchengewürz oder Zimt
25 g Speisestärke
100 g Leb- oder Honigkuchen (Fertigprodukt, ohne Guss und Schokolade)
200 g Schlagsahne (mind. 30 % Fett)

ZUM VERZIEREN:

150 g Puderzucker
etwa 3 EL trockener Rotwein oder Kirschsaft
1 Prise gem. Zimt
evtl. Puderzucker und silberne Zuckerperlen

PRO STÜCK:

E: 5 g, F: 7 g, Kh: 35 g, kcal: 234

1. Den Backofen vorheizen.
Ober-/Unterhitze: etwa 180 °C
Heißluft: etwa 160 °C

2. Für den Teig Eier trennen. Eiweiß in eine Rührschüssel geben und mit dem Mixer (Rührstäbe) auf höchster Stufe steif schlagen, dabei 1 Prise Salz und nach und nach 50 g Zucker einrieseln lassen. So lange schlagen, bis der Zucker gelöst ist. Eischnee kurz in den Kühlschrank stellen.

3. Eigelb, heißes Wasser, Vanillin-Zucker und restlichen Zucker in einer Rührschüssel mit dem Mixer (Rührstäbe) auf höchster Stufe hellcremig aufschlagen, bis der Zucker gelöst ist.

4. Mehl mit Kakao und Backpulver mischen, auf die Eigelbcreme geben. Eischnee daraufgeben und alles mit einem Teigschaber unterheben, bis eine gleichmäßige Masse entstanden ist.

5. Den Teig gleichmäßig (z. B. mit einer Teigkarte) auf einem Backblech (30 x 40 cm, mit Backpapier belegt) verteilen und glatt streichen. Das Backblech in den vorgeheizten Backofen schieben. Die Biskuitplatte **etwa 15 Minuten backen**.

6. Die Biskuitplatte auf ein fein mit Zucker bestreutes Geschirrtuch stürzen. Mitgebackenes Backpapier vorsichtig abziehen. Die Biskuitplatte mit dem Geschirrtuch vorsichtig aufrollen. Biskuitrolle erkalten lassen.

7. In der Zwischenzeit für die Füllung Gelatine nach Packungsanleitung einweichen. Zitronen-, Orangenschale, Rotwein, Orangensaft, Zucker und Punschgewürz in einem Topf erhitzen (nicht kochen lassen!) und etwa 5 Minuten ziehen lassen.

8. Speisestärke mit etwas kaltem Wasser anrühren. Gewürzbeutel aus der Punschflüssigkeit entfernen. Die Flüssigkeit zum Kochen bringen. Angerührte Speisestärke in die von der Kochstelle genommene Flüssigkeit rühren und unter Rühren nochmals kurz aufkochen.

9. Die Punschcreme in eine Schüssel füllen und etwas abkühlen lassen. Eingeweichte Gelatine ausdrücken und unter Rühren in der Creme auflösen. Die Creme abkühlen lassen und in den Kühlschrank stellen.

10. Leb- oder Honigkuchen in feine Würfel schneiden oder nicht zu fein zerbröseln. Sahne mit dem Mixer (Rührstäbe) steif schlagen. Sobald die Punschcreme anfängt zu gelieren, zunächst die Sahne unterheben und anschließend die Leb- oder Honigkuchenwürfel vorsichtig unterziehen.

11. Die Biskuitrolle entrollen, dabei das Geschirrtuch entfernen. Punschsahnecreme auf der Biskuitplatte verstreichen, dabei rundherum einen 3–4 cm breiten Rand frei lassen. Die Biskuitplatte wieder vorsichtig aufrollen, mit der Naht nach unten auf eine Platte setzen und mindestens 2 Stunden in den Kühlschrank stellen.

12. Puderzucker mit Wein und Zimt zu einem dickflüssigen Guss verrühren. Punschrolle evtl. fein mit Puderzucker bestäuben, mit dem Guss überziehen, mit Zuckerperlen bestreuen. Guss fest werden lassen.

QUARKBÄLLCHEN

Zubereitungszeit- und Backzeit: etwa 70 Minuten, ohne Teiggeh- und Abkühlzeit

ZUTATEN FÜR 24 STÜCK

ZUM VORBEREITEN:

50 g lauwarme Buttermilch
60 g Butter

FÜR DEN HEFETEIG:

400 g Weizenmehl
1 Pck. Trockenbackhefe
80 g Zucker
1 Pck. Geriebene Zitronenschale
500 g Magerquark

50 g Weizenmehl

ZUM AUSBACKEN:

2 l Speiseöl

ZUM WENDEN:

100 g Zucker
2 TL gem. Zimt

PRO STÜCK:

E: 5 g, F: 6 g, Kh: 22 g, kcal: 159

1. Zum Vorbereiten Buttermilch in einem Topf erwärmen. Die Butter darin zerlassen. Die Flüssigkeit lauwarm abkühlen lassen.

2. Für den Teig Mehl in eine Rührschüssel geben und mit Trockenbackhefe sorgfältig vermischen. Zucker, ½ TL Salz, Zitronenschale, Buttermilch-Butter-Flüssigkeit und den Magerquark hinzufügen.

3. Die Zutaten mit einem Mixer (Knethaken) zunächst kurz auf niedrigster, dann auf höchster Stufe in etwa 5 Minuten zu einem glatten Teig verarbeiten. Den Teig zugedeckt so lange an einem warmen Ort gehen lassen, bis er sich sichtbar vergrößert hat (etwa 45 Minuten).

4. Anschließend 50 g Mehl unter den Teig kneten. Aus dem Teig mit den Händen oder mithilfe eines in Mehl getauchten Eisportionierers 24 Bällchen formen. Die Bällchen auf ein Backblech oder Tablett (beides bemehlt) setzen.

5. Die Teigbällchen zugedeckt nochmals so lange an einem warmen Ort gehen lassen, bis sie sich sichtbar vergrößert haben (etwa 15 Minuten).

6. In der Zwischenzeit zum Ausbacken Speiseöl in einem Topf oder in einer Fritteuse auf etwa 175 °C erhitzen, sodass sich um einen in das Fett gehaltenen Holzlöffelstiel Bläschen bilden.

7. Die Quarkbällchen portionsweise (4–5 Stück können auf einmal gebacken werden) in das siedende Ausbackfett geben und rundherum **in 5–6 Minuten goldbraun backen.**

8. Anschließend die Quarkbällchen mit einem Schaumlöffel herausnehmen und auf Küchenpapier abtropfen lassen.

9. Zum Wenden den Zucker mit Zimt mischen. Die Quarkbällchen noch warm in dem Zimt-Zucker wenden und auf einem Kuchenrost erkalten lassen.

QUITTEN-NUSS-TORTE

◷ Zubereitungszeit: 45 Minuten, ohne Kühlzeit
Backzeit: 15–17 Minuten je Boden

ZUTATEN FÜR 12–14 STÜCKE

FÜR DIE KNETTEIGBÖDEN:

125 g Dinkelmehl (Type 630)
25 g gem. Haselnusskerne
½ Pck. Backpulver
50 g Zucker, 1 Pck. Vanillin-Zucker
150 g kalte Butter
1 Eigelb (Größe M)

FÜR DAS CRUNCHY-HAFERFLOCKEN-TOPPING:

30 g kernige Haferflocken
25 g gehobelte Haselnusskerne
1 EL Zucker, 1 TL flüssiger Honig

FÜR DIE CREMEFÜLLUNG:

600 g Quittenmus (aus etwa 0,9–1 kg aromatischen Apfelquitten; siehe Tipp)
4 EL Zitronensaft
250 g Super-Gelierzucker (3 : 1)
200 g gut gekühlte Crème fraîche
250 g Schlagsahne (mind. 30 % Fett)
2 Pck. Gelatine fix

ZUSÄTZLICH:

150 g Schlagsahne (mind. 30 % Fett)
Puderzucker

PRO STÜCK:

E: 5 g, F: 30 g, Kh: 43 g, kcal: 467

1. Für die Böden Mehl, Haselnusskerne, 1 Prise Salz, Backpulver, Zucker und Vanillin-Zucker in einer Rührschüssel mischen. Butter in Stückchen und Eigelb hinzufügen. Die Zutaten mit dem Mixer (Knethaken) zunächst feinkrümelig durcharbeiten. Dann kurz mit den Händen zu einem glatten Knetteig verkneten. Den Teig in 2 gleich große Portionen teilen, zu flachen Scheiben formen, in Frischhaltefolie gewickelt kurz in den Kühlschrank legen.

2. Den Backofen vorheizen.
Ober-/Unterhitze: etwa 180 °C
Heißluft: etwa 160 °C

3. Eine Teigportion auf einer leicht bemehlten Arbeitsfläche zu einer runden Platte in Springformgröße (Ø 26 cm) ausrollen. Den Boden einer Springform (Ø 26 cm, mit Backpapier belegt) damit belegen, evtl. überstehenden Teig gerade schneiden. Den Springformrand darumlegen. Die Form auf dem Rost in den vorgeheizten Backofen schieben. Den Knetteigboden **in 15–17 Minuten goldbraun backen.**

4. Die Form auf einen Kuchenrost stellen. Den Boden etwa 10 Minuten abkühlen lassen.
Dann aus der Form lösen und vorsichtig auf den Kuchenrost gleiten lassen. Knetteigboden erkalten lassen. Die Form säubern.

5. Aus dem restlichen Teig auf die gleiche Weise einen zweiten Knetteigboden vorbereiten. Für das Topping Haferflocken, Nusskerne, Zucker und Honig mischen und auf dem Knetteigboden verteilen. Die Form ebenfalls auf dem Rost in den heißen Backofen schieben und den Knetteigboden **bei gleicher Backofentemperatur 15–17 Minuten goldbraun backen.** Diesen Knetteigboden noch warm in 12–14 Stücke teilen und erkalten lassen.

6. Für die Cremefüllung Quittenmus, Zitronensaft und Gelierzucker in einem großen Topf mischen, unter Rühren zum Kochen bringen und mindestens 3 Minuten kochen lassen. Quittenkonfitüre in eine Schüssel füllen und erkalten lassen.

7. Den Knetteigboden auf eine Tortenplatte setzen und einen Tortenring darumstellen. Crème fraîche und Sahne mit dem Mixer (Rührstäbe) auf höchster Stufe steif schlagen, dabei nach und nach das Gelatine fix einrieseln lassen. 700 g

Quittenkonfitüre abwiegen. Die Sahnemischung in 2–3 Portionen unter die Konfitüre heben, auf den Knetteigboden geben, glatt streichen. Die Torte mindestens 3 Stunden in den Kühlschrank stellen.

8. Vor dem Servieren restliche Sahne mit dem Mixer (Rührstäbe) steif schlagen, in einen Spritzbeutel mit Lochtülle (Ø 8–10 mm) füllen. Tortenring vorsichtig lösen und entfernen. 12–14 Sahnetuffs am Rand auf die Tortenoberfläche spritzen. Die Knetteigstücke schräg darauflegen. Mit Puderzucker bestäuben.

TIPP:

Für selbst gemachtes Quittenmus (etwa 850 g) von ca. 1 kg aromatischen Quitten den zarten Flaum mit einem Geschirrtuch gründlich abreiben. Quitten abspülen, abtropfen lassen und entkernen. Das Fruchtfleisch würfeln und mit 100 ml Quitten- oder Apfelsaft und 2 Esslöffeln Zitronensaft in einem Topf mischen. Unter Rühren zum Kochen bringen und zugedeckt bei schwacher Hitze kochen lassen, bis das Fruchtfleisch ganz weich ist. Fruchtfleisch dann durch ein Passiergerät passieren oder durch ein feines Sieb streichen. Erkalten lassen.

RHABARBER-APEROL-TORTE

● Zubereitungszeit: 50 Minuten, ohne Saftzieh- und Kühlzeit
Backzeit: 25–30 Minuten
▲ Mit Alkohol

ZUTATEN FÜR 16 STÜCKE

FÜR DEN RÜHRTEIG:

150 g Butter oder Margarine (zimmerwarm)
125 g Zucker
1 Pck. Vanillin-Zucker
4 Eier (Größe M)
175 g Weizenmehl
2 gestr. TL Backpulver

FÜR DIE FÜLLUNG:

500 g vorbereiteter, roter Rhabarber (dünne Stangen), z. B. Erdbeer- oder Himbeer-Rhabarber
100 g Zucker
7 Blatt weiße Gelatine
250 g Erdbeeren
150 ml Aperol (Bitterlikör)

ZUM TRÄNKEN:

50 ml Aperol

FÜR DEN BELAG:

3 Blatt weiße Gelatine
400 g Schlagsahne (mind. 30 % Fett)
25 g Puderzucker
1 Pck. Vanillin-Zucker

PRO STÜCK:

E: 5 g, F: 18 g, Kh: 28 g, kcal: 318

1. Den Backofen vorheizen.
Ober-/Unterhitze: etwa 180 °C
Heißluft: etwa 160 °C

2. Für den Teig Butter oder Margarine in einer Rührschüssel mit einem Mixer (Rührstäbe) geschmeidig rühren. Nach und nach Zucker, Vanillin-Zucker und 1 Prise Salz unterrühren. So lange rühren, bis eine gebundene Masse entstanden ist.

3. Eier nach und nach unterrühren (jedes Ei etwa ½ Minute). Mehl mit Backpulver mischen, in 2 Portionen auf mittlerer Stufe unterrühren. Den Teig in eine Springform (Ø 26 cm, gefettet) geben und glatt streichen.

4. Die Form auf dem Rost in den vorgeheizten Backofen schieben. Den Gebäckboden **25–30 Minuten backen.**

5. Den Gebäckboden aus der Form lösen und auf einem mit Backpapier belegten Kuchenrost erkalten lassen.

6. Für die Füllung den vorbereiteten Rhabarber in etwa 2 cm dicke Stücke schneiden (dicke Stangen der Länge nach halbieren und in Stücke schneiden). Rhabarberstücke in einem Topf mit Zucker mischen. Rhabarberstücke etwa 30 Minuten zum Saftziehen stehen lassen.

7. Die Gelatine nach Packungsanleitung einweichen.

8. In der Zwischenzeit Erdbeeren putzen, abspülen, trocken tupfen, entstielen und halbieren. größere Erdbeeren vierteln.

9. Die Rhabarberstücke 3–4 Minuten unter Rühren bei mittlerer Hitze dünsten (Rhabarberstücke sollen nach Möglichkeit ganz bleiben). Den Topf von der Kochstelle nehmen. Gelatine ausdrücken und mit den Erdbeerstücken in der Rhabarbermasse auflösen. Aperol unterrühren. Rhabarber-Erdbeer-Masse erkalten lassen.

10. Den Gebäckboden einmal waagerecht durchschneiden. Den unteren Gebäckboden auf eine Tortenplatte legen und mit zwei Dritteln des Aperols tränken. Einen Tortenring darumstellen.

Aus dem oberen Gebäckboden einen etwa 3 cm breiten Ring schneiden. Den kleineren Gebäckboden mit dem restlichen Aperol tränken.

11. Wenn die Rhabarber-Erdbeer-Masse anfängt zu gelieren, drei Viertel davon auf den unteren Gebäckboden streichen. Den ausgeschnittenen Gebäckring darauflegen und etwas in die Rhabarber-Erdbeer-Masse drücken. Restliche Rhabarber-Erdbeer-Masse auf dem kleineren Gebäckboden verteilen. Danach die Torte und den kleineren Boden in den Kühlschrank stellen.

12. Für den Belag Gelatine in kaltem Wasser nach Packungsanleitung einweichen. Eingeweichte Gelatine ausdrücken und in einem kleinen Topf unter Rühren auflösen.

13. Sahne mit dem Mixer (Rührstäbe) mit Puderzucker und Vanillin-Zucker steif schlagen. Gelatine unterrühren. Zwei Drittel der Sahne auf der Rhabarber-Erdbeer-Masse in dem Tortenring verteilen. Den kleineren Tortenboden darauflegen.

14. Restliche Sahne in einen Spritzbeutel mit Sterntülle (Ø 8–10 mm) füllen. Sahnetuffs auf den oberen Tortenrand spritzen. Die Torte etwa 2 Stunden in den Kühlschrank stellen. Tortenring lösen und entfernen.

RHABARBERKUCHEN MIT HIMBEERBAISER

Zubereitungszeit: 45 Minuten
Backzeit: 35–40 Minuten

ZUTATEN FÜR 16 STÜCKE

FÜR DEN RÜHRTEIG:

200 g Butter oder Margarine (zimmerwarm)
120 g Zucker
1 Pck. Vanillin-Zucker
1 Ei (Größe M)
3 Eigelb (Größe M)
250 g Weizenmehl
2 gestr. TL Backpulver

FÜR DEN BELAG:

900 g vorbereiteter Himbeer-Rhabarber (rotfleischiger, milder Rhabarber)

FÜR DAS BAISER:

125 g Himbeeren
15 g Speisestärke
1 TL Zucker
3 Eiweiß (Größe M)
150 g Zucker

PRO STÜCK:

E: 4 g, F: 13 g, Kh: 31 g, kcal: 257

1. Für den Teig Butter oder Margarine in einer Rührschüssel mit einem Mixer (Rührstäbe) auf höchster Stufe geschmeidig rühren. Nach und nach Zucker und Vanillin-Zucker unterrühren. So lange rühren, bis eine gebundene Masse entstanden ist.

2. Ei und Eigelb nach und nach unterrühren (jedes Ei/Eigelb etwa ½ Minute). Mehl und Backpulver mischen, in 2 Portionen kurz auf mittlerer Stufe unterrühren.

3. Einen Backrahmen auf ein Backblech (30 x 40 cm, gefettet) stellen. Den Teig auf das Backblech geben und glatt streichen.

4. Den Backofen vorheizen.
Ober-/Unterhitze: etwa 180 °C
Heißluft: etwa 160 °C

5. Für den Belag Rhabarber putzen, abspülen und gut trocken tupfen. Stielenden und Blattansätze entfernen. Die Stangen in etwa 2 ½ cm lange Stücke schneiden (evtl. dicke Stangen der Länge nach halbieren). Rhabarberstücke auf dem Teig verteilen. Das Backblech in den vorgeheizten Backofen schieben. Den Kuchen **etwa 25 Minuten backen.**

6. Für das Baiser Himbeeren verlesen, kurz abspülen, auf Küchenpapier gut abtropfen lassen und in einen tiefen Teller geben. Himbeeren mit einer Gabel zerdrücken. Speisestärke mit Zucker mischen und unter das Himbeermus rühren.

7. Eiweiß und 1 Prise Salz mit dem Mixer (Rührstäbe) auf höchster Stufe steif schlagen. Der Schnee muss so fest sein, dass ein Messerschnitt sichtbar bleibt. Nach und nach Zucker unterschlagen. So lange schlagen, bis der Eischnee stark glänzt. Himbeermus unter die Baisermasse heben, auf dem vorgebackenen Kuchen geben und glatt streichen. Das Backblech wieder in den heißen Backofen schieben. Den Kuchen **bei gleicher Backofentemperatur in 10–15 Minuten fertig backen.**

8. Das Backblech auf einen Kuchenrost stellen. Den Rhabarberkuchen erkalten lassen. Die „Rosa Tränchen“ bilden sich, wenn der Kuchen richtig abgekühlt ist.

ROGGENFLADEN, KERNIG

Zubereitungszeit: 15 Minuten, ohne Teiggehzeit
Backzeit: etwa 30 Minuten

ZUTATEN FÜR 1 FLADEN

FÜR DEN TEIG:

70 g Sonnenblumenkerne
3 EL Zuckerrübensirup (Rübenkraut)
250 g Weizenmehl (Type 1050)
150 g Roggenvollkornschrot
1 Pck. Hefeteig Garant
1–2 gestr. TL Salz
½ TL gem. Kümmel
100 g kernige Haferflocken
2 EL Rapsöl
250 ml Sauerkrautsaft
100 ml Wasser

ZUM BESTREUEN:

20 g Sonnenblumenkerne

INSGESAMT:

E: 93 g, F: 59 g, Kh: 398 g, kcal: 2558

1. Für den Teig Sonnenblumenkerne in einer Pfanne ohne Fett unter Wenden goldbraun rösten. Zuckerrübensirup hinzugeben, mit den Kernen vermengen und die Mischung etwas abkühlen lassen.

2. Den Backofen vorheizen.
Ober-/Unterhitze: etwa 200 °C
Heißluft: etwa 180 °C

3. Mehl, Vollkornschrot, Hefeteig Garant, Salz und Kümmel in einer Rührschüssel mischen. Restliche Zutaten und die Sonnenblumenkern-Sirup-Mischung hinzugeben. Alles mit einem Mixer (Knethaken) zu einem glatten Teig verkneten.

4. Den Teig auf ein Backblech (30 x 40 cm, gefettet, mit Backpapier belegt) geben und mit einem breiten Messer oder einer Palette zu einem Fladen (etwa 30 x 15 cm) verstreichen. Den Fladen zuerst mit Wasser bestreichen, dann mit Sonnenblumenkernen bestreuen und zugedeckt ruhen lassen (etwa 15 Minuten).

5. Das Backblech in den vorgeheizten Backofen schieben. Das Brot **etwa 30 Minuten backen.**

6. Das Brot auf einen Kuchenrost legen und erkalten lassen.

TIPPS:

Dieses Brot passt sehr gut zu einer rustikalen Brotzeit. Servieren Sie dazu kräftigen Käse, geräucherte Wurstspezialitäten sowie Radieschen, eingelegte Gurken und in feine Scheiben geschnittenen Rettich. Mit Butter und Zuckerrübensirup (Rübenkraut) bestrichen ist dieses Brot ein ganz besonderer Genuss.

SANDDORNFRUCHT-TORTE

Zubereitungszeit: 45 Minuten, ohne Kühlzeit
Backzeit: 20–25 Minuten

ZUTATEN FÜR 16 STÜCKE

FÜR DEN BISKUITTEIG:

2 Eier (Größe M)
125 g Zucker
1 Pck. Vanillin-Zucker
200 g Weizenmehl
2 gestr. TL Backpulver
75 ml Speiseöl
75 ml Mineralwasser mit Kohlensäure

FÜR DIE FÜLLUNG:

8 Blatt weiße Gelatine
500 ml Kefir
100 g Zucker
125 ml Sanddornsaft
(pur, 100 % Direktsaft mit Fruchtmark)
abger. Schale und Saft von ½ Bio-Zitrone
(unbehandelt, ungewachst)
400 g Schlagsahne (mind. 30 % Fett)

ZUM BESTREICHEN:

2 EL Aprikosenkonfitüre

FÜR DEN GUSS UND BELAG:

2 Blatt weiße Gelatine
50 g Zucker
1 EL Zitronensaft
(von der restlichen ½ Zitrone)
50 ml Sanddornsaft
(pur, 100 % Direktsaft mit Fruchtmark)
1 Banane
2 Orangen

PRO STÜCK:

E: 5 g, F: 15 g, Kh: 35 g, kcal: 299

1. Den Backofen vorheizen.
Ober-/Unterhitze: etwa 180 °C
Heißluft: etwa 160 °C

2. Für den Teig Eier in einer Rührschüssel mit einem Mixer (Rührstäbe) auf höchster Stufe in 1 Minute schaumig schlagen. Zucker mit Vanillin-Zucker mischen, in 1 Minute unter Rühren einstreuen, dann noch etwa 2 Minuten schlagen.

3. Mehl mit Backpulver mischen, kurz auf niedrigster Stufe unterrühren. Nacheinander Speiseöl und Mineralwasser kurz unterrühren. Den Teig in eine Springform (Ø 28 cm, gefettet) geben und glatt streichen. Die Form auf dem Rost in den vorgeheizten Backofen (unteres Drittel) schieben. Den Biskuitboden **20–25 Minuten backen.**

4. Den Biskuitboden aus der Form lösen und auf einem mit Backpapier belegten Kuchenrost erkalten lassen.

5. Für die Füllung Gelatine nach Packungsanleitung einweichen. Kefir mit Zucker, Sanddornsaft, Zitronenschale und -saft verrühren. Eingeweichte Gelatine leicht ausdrücken, in einem kleinen Topf unter Rühren auflösen.

6. Gelatine zuerst mit 3–4 Esslöffeln der Kefirmasse verrühren, dann unter die restliche Kefirmasse rühren. Sahne mit dem Mixer (Rührstäbe) steif schlagen. Wenn die Kefirmasse anfängt dicklich zu werden, die steif geschlagene Sahne unterheben.

7. Den Biskuitboden einmal waagrecht durchschneiden. Den unteren Biskuitboden auf eine Tortenplatte legen und mit Konfitüre bestreichen. Einen Tortenring darumstellen. Etwa zwei Drittel der Kefir-Sanddorn-Creme auf den Biskuitboden geben und glatt streichen. Den oberen Biskuitboden darauflegen.

8. Restliche Kefir-Sanddorn-Creme darauf verteilen und glatt streichen. Die Torte etwa 2 Stunden in den Kühlschrank stellen.

9. Für den Guss Gelatine nach Packungsanleitung einweichen. Zucker und Zitronensaft in einem kleinen Topf erwärmen, sodass der Zucker vollständig gelöst ist. Sanddornsaft hinzugeben und miterwärmen. Eingeweichte Gelatine leicht ausdrücken, zu der Saftflüssigkeit geben und unter Rühren vollständig auflösen, etwas abkühlen lassen. Der Guss muss flüssig bleiben.

10. Für den Belag Banane schälen und in dünne Scheiben schneiden. Orangen so schälen, dass die weiße Haut vollständig entfernt wird. Orangen filetieren. Bananenscheiben und Orangenfilets auf die Tortenoberfläche legen. Den Guss nach und nach darauf verteilen. Die Torte evtl. zwischendurch kurz kalt stellen. Wenn der Guss aufgebraucht ist, die Torte nochmals etwa 1 Stunde in den Kühlschrank stellen. Den Tortenring lösen und entfernen.

TIPPS:

Zum Bestreichen statt Aprikosenkonfitüre Orangenmarmelade verwenden. Bananen oder Orangen können durch 1 Mangofrucht, geschält und in Spalten geschnitten, ausgetauscht werden.

SANDDORN-SCHMAND-STREUSELSCHNITTEN

Zubereitungszeit: 50 Minuten, ohne Kühlzeit
Backzeit: 22–25 Minuten je Backblech

ZUTATEN FÜR 24 STÜCKE

FÜR DIE STREUSEL:

650 g Weizenmehl
1 Pck. Pudding-Pulver Vanille-Geschmack
250 g brauner Zucker
½ gestr. TL Salz
2 gestr. TL Backpulver
300 g Butter (zimmerwarm)
1 TL Vanillemark
2 Eier (Größe M)

FÜR DEN BELAG:

750 g Schmand (Sauerrahm)
250 g Joghurt (1,5 % Fett)
4 Pck. Gelatine fix
(für je 250 ml Flüssigkeit)
225 g Sanddornkonfitüre
75 ml Zitronensaft
1 TL ger. Bio-Zitronenschale
(unbehandelt, ungewachst)
60 g Puderzucker
250 g Schlagsahne (mind. 30 % Fett)

ZUM BESTÄUBEN:

Puderzucker

PRO STÜCK:

E: 6 g, F: 21 g, Kh: 43 g, kcal: 384

1. Für die Streusel Mehl, Pudding-Pulver, Zucker, Salz und Backpulver in einer großen Rührschüssel mischen. Butter und Vanillemark verrühren. Eier verschlagen, mit der Vanillebutter in Stückchen zur Mehlmischung geben. Die Zutaten mit dem Mixer (Knethaken) zunächst kurz auf niedrigster, dann auf höchster Stufe zu mittelgroßen Streuseln verkneten. Die Teigstreusel mindestens 30 Minuten in den Kühlschrank stellen.

2. Den Backofen in der Zwischenzeit vorheizen.
Ober-/Unterhitze: etwa 180 °C
Heißluft: etwa 160 °C

3. Auf ein Backblech (mit Backpapier belegt) einen Backrahmen in der Größe von 35 x 28 cm stellen. Die Hälfte der Streusel gleichmäßig in dem Backrahmen verteilen und zu einem Boden andrücken. Restliche Streusel auf einem zweiten Backblech (mit Backpapier belegt) verteilen. Die Backbleche nacheinander (bei Heißluft zusammen) in den vorgeheizten Backofen schieben. Die Streuselböden **in 22–25 Minuten goldbraun und knusprig backen.**

4. Die Backbleche auf Kuchenroste stellen. Den Streuselboden und die Streusel auf den Backblechen erkalten lassen.

5. Für den Belag Schmand mit Joghurt und 2 Päckchen Gelatine fix mit dem Mixer (Rührstäbe) in einer großen Schüssel verschlagen. Konfitüre mit Zitronensaft und -schale sowie Puderzucker verrühren und gut unter die Schmandmasse schlagen.

6. Sahne mit dem Mixer (Rührstäbe) steif schlagen, restliches Gelatine fix nach und nach einrieseln lassen. Sahne unter die Schmandmasse heben. Die Creme auf dem Streuselboden glatt verstreichen. Mit Frischhaltefolie belegt mindestens 3 Stunden in den Kühlschrank stellen.

7. Den Backrahmen lösen und entfernen. Den Kuchen in Portionsstücke schneiden. Die Streusel von dem zweiten Backblech grob zerbröseln und daraufstreuen. Die Streuselschnitten mit Puderzucker bestäubt servieren.

SCHOKO-FRISCHKÄSE-BLECH

Zubereitungszeit: 45 Minuten, ohne Kühlzeit
Backzeit: 45–50 Minuten

ZUTATEN FÜR 24 STÜCKE

FÜR DEN BODEN:

300 g Vollkorn- oder Hafer-Butterkekse
125 g Butter

FÜR DIE VANILLESCHAUM-HAUBE:

1 Pck. Pudding-Pulver Vanille-Geschmack
½ TL Vanille-Extraktpulver
150 g Zucker
500 ml Milch (3,5 % Fett)
4 Eier (Größe M)

FÜR DEN DUNKLEN SCHOKOBELAG:

200 g Zartbitter-Kuvertüre (etwa 50 % Kakaoanteil)
1 kg Magerquark
450 g Doppelrahm-Frischkäse
2 Pck. Pudding-Pulver Schokoladen-Geschmack
150 g feiner Zucker
75 g Butter (zimmerwarm)
125 g brauner Zucker
5 Eier (Größe M)

PRO STÜCK:

E: 13 g, F: 22 g, Kh: 36 g, kcal: 394

1. Für den Boden Butterkekse fein zerbröseln oder mahlen. Butter zerlassen und mit den Butterkeksbröseln gut vermischen.

2. Die Bröselmasse in einem tiefen Backblech oder in einer Fettpfanne (30 x 40 cm, mit Backpapier belegt) gleichmäßig verteilen und mit einem Löffelrücken oder den Fingern zu einem Boden andrücken. Das Backblech oder die Fettpfanne in den Kühlschrank stellen.

3. In der Zwischenzeit für die Vanilleschaum-Haube Pudding-Pulver, Vanille-Extrakt, 40 g Zucker und 3–4 Esslöffel Milch anrühren. Restliche Milch in einem Topf anrühren. Angerührtes Pudding-Pulver in die von der Kochstelle genommene Milch rühren und unter Rühren kurz aufkochen lassen. Den Pudding in eine Schüssel füllen, etwas abkühlen lassen, dabei zwischendurch umrühren.

4. Inzwischen für die dunklen Schokobelag Kuvertüre klein hacken, in einer Schüssel im heißen Wasserbad bei schwacher Hitze unter Rühren schmelzen, Kuvertüre etwa 10 Minuten abkühlen lassen. Quark mit Frischkäse glatt verschlagen. Pudding-Pulver mit 150 g Zucker mischen und unterrühren.

5. Butter in einer Rührschüssel mit 1 guten Prise Salz und braunem Zucker mit dem Mixer (Rührstäbe) hellcremig aufschlagen. Eier einzeln unterrühren (jedes Ei etwa ½ Minute), dann Kuvertüre unterrühren. Zunächst 5 Esslöffel der Quarkmasse untermischen. Dann die restliche Quarkmasse nach und nach unterrühren.

6. Die Quarkcreme auf den Bröselboden geben und mithilfe einer Teigkarte glatt verstreichen.

7. Den Backofen vorheizen.
Ober-/Unterhitze: etwa 180 °C
Heißluft: etwa 160 °C

8. Für die Vanilleschaum-Haube Eier trennen. Eiweiß mit 1 guten Prise Salz steif schlagen, nach und nach 50 g Zucker unterschlagen. Eigelb und restlichen Zucker (60 g) mit dem Mixer (Rührstäbe) auf höchster Stufe hellcremig aufschlagen. Den Vanille-Pudding mit einem Schneebesen durchrühren, dann nach und nach unter die Eigelbcreme rühren. Eischnee unterheben. Vanillecreme auf der Schoko-Quarkcreme verteilen und glatt verstreichen.

9. Das Backblech oder die Fettpfanne in den vorgeheizten Backofen schieben. Den Kuchen **in 45–50 Minuten goldbraun backen.**

10. Das Backblech auf einen Kuchenrost stellen. Den Kuchen auf dem Backblech oder der Fettpfanne vollständig erkalten lassen. Dann etwa 2 Stunden in den Kühlschrank stellen.

11. Den Kuchen in 24 Stücke schneiden und auf einer Kuchenplatte anrichten.

SCHOKO-JOGHURT-TORTE

Zubereitungszeit: 40 Minuten, ohne Kühlzeit
Backzeit: 20–25 Minuten

ZUTATEN FÜR 16 STÜCKE

ZUM VORBEREITEN:

100 g Zartbitter-Kuvertüre (mind. 50 % Kakaoanteil)
75 g Butter

FÜR DEN BISKUITTEIG:

3 Eier (Größe M)
125 g Zucker, 1 Pck. Vanillin-Zucker
150 g Weizenmehl
1 gestr. TL Backpulver

FÜR DIE FÜLLUNG:

3 Blatt weiße Gelatine
500 g griechischer Sahnejoghurt (10 % Fett)
abger. Schale von ½ Bio-Zitrone (unbehandelt, ungewachst)
1 EL Zitronensaft
100 g Zucker
250 g Schlagsahne (mind. 30 % Fett)

ZUM BESTREICHEN:

2 EL rotes Johannisbeergelee

FÜR DIE SCHOKOLADENSAUCE:

25 g Zartbitter-Kuvertüre (mind. 50 % Kakaoanteil)
50 g Schlagsahne
2 gestr. TL Trinkschokolade (schnell löslich)

PRO STÜCK:

E: 6 g, F: 17 g, Kh: 29 g, kcal: 294

1. Zum Vorbereiten Kuvertüre in Stücke hacken, mit der Butter in einem kleinen Topf im heißen Wasserbad bei schwacher Hitze unter Rühren schmelzen. Kuvertüremasse etwas abkühlen lassen.

2. Den Backofen vorheizen.
Ober-/Unterhitze: etwa 180 °C
Heißluft: etwa 160 °C

3. Für den Teig Eier in einer Rührschüssel mit einem Mixer (Rührstäbe) auf höchster Stufe in 1 Minute schaumig schlagen. Zucker und Vanillin-Zucker mischen, in 1 Minute unter Rühren einstreuen, dann noch etwa 2 Minuten schlagen.

4. Mehl mit Backpulver mischen und kurz auf niedrigster Stufe unterrühren. Kuvertüre unterheben. Den Teig in eine Springform (Ø 26 cm, mit Backpapier belegt) geben und glatt streichen.

5. Die Form auf dem Rost in den vorgeheizten Backofen schieben. Den Biskuitboden **20–25 Minuten backen.**

6. Den Biskuitboden aus der Form lösen und auf einem Kuchenrost erkalten lassen. Mitgebackenes Backpapier entfernen. Den Biskuitboden einmal waagerecht durchschneiden.

7. Für die Füllung Gelatine nach Packungsanleitung einweichen. Joghurt mit Zitronenschale, -saft und Zucker verrühren. Eingeweichte Gelatine ausdrücken, in einem kleinen Topf unter Rühren auflösen.

8. Gelatine zuerst mit 3–4 Esslöffeln der Joghurtmasse verrühren. Dann unter die restliche Joghurtmasse rühren.

9. Sahne mit dem Mixer (Rührstäbe) steif schlagen. Wenn die Joghurtmasse anfängt dicklich zu werden, die Sahne unterheben.

10. Den unteren Biskuitboden auf eine Tortenplatte legen und mit Johannisbeergelee bestreichen. Die Hälfte der Joghurt-Sahne-Creme daraufgeben und glatt streichen. Den oberen Biskuitboden darauflegen und leicht andrücken.

11. Restliche Joghurt-Sahne-Masse in einen Spritzbeutel mit großer Sterntülle (Ø 10 mm) füllen und große Rosetten auf den oberen Tortenrand spritzen. Die Torte etwa 2 Stunden in den Kühlschrank stellen.

12. Für die Sauce Kuvertüre und Sahne in einem kleinen Topf im heißen Wasserbad bei schwacher Hitze unter Rühren schmelzen. Trinkschokoladenpulver unterrühren.

13. Die Sauce auf den Rosetten und der Tortenoberfläche verteilen. Die Schoko-Joghurt-Torte nochmals etwa 30 Minuten in den Kühlschrank stellen.

SCHOKOKUCHEN MIT HONIG-MILCHSCHAUM

Zubereitungszeit: 20 Minuten, ohne Kühlzeit
Backzeit: etwa 8 Minuten

ZUTATEN FÜR 20 STÜCKE

FÜR DEN BELAG:

10 Blatt weiße Gelatine
600 ml Milch (1,5 % Fett)
50 g neutraler, flüssiger Honig

FÜR DEN BISKUITTEIG:

3 Eier (Größe M)
2 Eigelb (Größe M)
2 EL heißes Wasser
80 g Zucker
1 Pck. Vanillin-Zucker
100 g Weizenmehl
20 g Speisestärke
10 g gesiebtes Kakaopulver
1 gestr. TL Backpulver

2 Eiweiß (Größe M)
40 g Zucker
2 EL heißes Wasser
100 g Schlagsahne
(mind. 30 % Fett)
2 EL Zartbitter-Raspelschokolade

PRO STÜCK:

E: 4 g, F: 4 g, Kh: 16 g, kcal: 123

1. Für den Belag Gelatine nach Packungsanleitung einweichen. Die Hälfte der Milch und den Honig in einem Topf bei schwacher Hitze schaumig schlagen (nicht kochen). Den Topf von der Kochstelle nehmen.

2. Eingeweichte Gelatine ausdrücken und in der heißen Honigmilch unter Rühren auflösen. Restliche Milch unterrühren. Die Honigmilch abkühlen lassen, zum Gelieren in den Kühlschrank stellen, dabei gelegentlich mit einem Schneebesen umrühren.

3. Den Backofen vorheizen.
Ober-/Unterhitze: etwa 200 °C
Heißluft: etwa 180 °C

4. Für den Teig Eier, Eigelb und Wasser in einer Rührschüssel mit einem Mixer (Rührstäbe) auf höchster Stufe in 1 Minute schaumig schlagen. Zucker mit Vanillin-Zucker mischen, in 1 Minute einstreuen, dann noch etwa 2 Minuten schlagen.

5. Mehl mit Speisestärke, Kakao und Backpulver mischen, die Hälfte davon auf die Eiercreme geben und kurz auf niedrigster Stufe unterrühren. Restliches Mehlgemisch auf die gleiche Weise unterarbeiten.

6. Den Teig in ein tiefes Backblech (30 x 40 cm, gefettet, bemehlt) geben und glatt streichen. Das Backblech in den vorgeheizten Backofen schieben. Die Biskuitplatte **etwa 8 Minuten backen.**

7. Das Backblech auf einen Kuchenrost stellen. Den Biskuit erkalten lassen.

8. Wenn die Honigmilch anfängt zu gelieren, Eiweiß mit dem Mixer (Rührstäbe) steif schlagen. Zucker nach und nach unter ständigem Schlagen einrieseln lassen, bis die Masse glänzt. 2 Esslöffel heißes Wasser unter ständigem Schlagen nach und nach hinzugeben.

9. Sahne mit dem Mixer (Rührstäbe) steif schlagen. Zuerst die Sahne, dann den Eischnee unter die gelierende Honigmilch heben. Die Creme auf der Biskuitplatte verteilen, glatt streichen und mit Raspelschokolade bestreuen. Den Kuchen etwa 2 Stunden in den Kühlschrank stellen und die Creme fest werden lassen.

HINWEIS:

Nur ganz frische Eier verwenden (Legedatum beachten, mind. 23 Tage Resthaltbarkeit).

SCHOKOLADENKUCHEN

Zubereitungszeit: 45 Minuten, ohne Einweich- und Abkühlzeit
Backzeit: etwa 65 Minuten
▲ Mit Alkohol

ZUTATEN FÜR 15 STÜCKE

ZUM VORBEREITEN:

125 g Korinthen
4 EL Rum
100 g abgezogene, gem. Mandeln

FÜR DEN RÜHRTEIG:

250 g Butter oder Margarine (zimmerwarm)
250 g Zucker
1 Pck. Vanillin-Zucker
4 Eier (Größe M)
200 g Weizenmehl
50 g Speisestärke
15 g Kakaopulver
1 gestr. TL Backpulver
75 g gehackte Haselnusskerne

ZUM BESTÄUBEN:

etwas Puderzucker

PRO STÜCK:

E: 6 g, F: 21 g, Kh: 37 g, kcal: 378

1. Zum Vorbereiten Korinthen einige Stunden zugedeckt in Rum einweichen. Mandeln in einer Pfanne ohne Fett unter Wenden rösten und auf einem Teller erkalten lassen.

2. Den Backofen vorheizen.
Ober-/Unterhitze: etwa 180 °C
Heißluft: etwa 160 °C

3. Für den Teig Butter oder Margarine mit einem Mixer (Rührstäbe) auf höchster Stufe geschmeidig rühren. Nach und nach Zucker, Vanillin-Zucker und 1 Prise Salz unterrühren. So lange rühren, bis eine gebundene Masse entstanden ist. Eier nach und nach unterrühren (jedes Ei etwa ½ Minute).

4. Mehl mit Speisestärke, Kakao und Backpulver mischen und in 2 Portionen auf mittlerer Stufe kurz unterrühren. Zuletzt Haselnusskerne, Mandeln und Korinthen vorsichtig auf mittlerer Stufe unterrühren.

5. Dann den Teig in eine Kastenform (30 x 11 cm, gefettet, mit Backpapier ausgelegt) füllen und verstreichen. Die Form auf dem Rost in den vorgeheizten Backofen schieben. Den Kuchen **etwa 65 Minuten backen.**

6. Den Kuchen aus der Form lösen. Mitgebackenes Backpapier entfernen und den Kuchen auf einem Kuchenrost erkalten lassen. Anschließend den Kuchen mit Puderzucker bestäuben.

TIPP:

Sie können auch Rosinen oder gemischte, gehackte Trockenfrüchte in den Teig geben.

SCHOKOLADENKUCHEN, GEKOCHT

Zubereitungszeit: 35 Minuten, ohne Abkühlzeit
Backzeit: etwa 60 Minuten

ZUTATEN FÜR 15 STÜCKE

ZUM VORBEREITEN FÜR DEN TEIG:

25 g gesiebtes Kakaopulver
200 g Zucker, 100 ml Wasser
200 g Butter

FÜR DEN TEIG:

4 Eier (Größe M)
1 Pck. Bourbon-Vanille-Zucker
250 g Weizenmehl
3 gestr. TL Backpulver
100 g weiße Schokolade

FÜR DEN GUSS:

15 g Zucker
1 gestr. TL (5 g) Kakaopulver
2 EL Wasser
75 g Butter

ZUM BESTREUEN:

evtl. weiße und dunkle Schokoperlen

PRO STÜCK:

E: 4 g, F: 20 g, Kh: 31 g, kcal: 319

1. Zum Vorbereiten Kakao, Zucker und Wasser in einem kleinen Topf verrühren. Butter hinzugeben. Die Zutaten zum Kochen bringen, dabei zwischendurch 1–2-mal umrühren. Die Kakaomasse in eine Rührschüssel geben und erkalten lassen.

2. Den Backofen vorheizen.
Ober-/Unterhitze: etwa 180 °C
Heißluft: etwa 160 °C

3. Für den Teig Eier und Vanille-Zucker mit einem Mixer (Rührstäbe) unter die erkaltete Kakaomasse rühren. Mehl mit Backpulver mischen und unterrühren. Schokolade in etwa ½ cm große Stücke schneiden und unter den Teig heben. Den Teig in eine Kastenform (25 x 11 cm, gefettet, mit Backpapier ausgelegt) geben und glatt streichen. Die Form auf dem Rost in den vorgeheizten Backofen schieben. Den Kuchen **etwa 60 Minuten backen.**

4. Den Kuchen mit dem Backpapier aus der Form heben und auf einen Kuchenrost setzen. Kuchen erkalten lassen.

5. Für den Guss Zucker, Kakao und Wasser in einem kleinen Topf verrühren. Butter hinzufügen. Die Zutaten unter Rühren einmal aufkochen lassen. Den Topf von der Kochstelle nehmen. Den Guss erkalten lassen (er muss aber dickflüssig bleiben).

6. Von dem Kuchen das Backpapier entfernen. Den Kuchen auf eine Tortenplatte legen und mit dem Guss bestreichen. Nach Belieben Schokoperlen auf den Guss streuen. Guss fest werden lassen.

SCHOKO-NUSS-SCHNITTEN

● Zubereitungszeit: 25 Minuten,
ohne Durchzieh- und Abkühlzeit
Backzeit: etwa 30 Minuten
▲ Mit Alkohol

ZUTATEN FÜR 20 STÜCKE

ZUM VORBEREITEN:

250 g Rosinen oder 250 g Rumrosinen (Fertigprodukt)
6 EL Rum oder Mandellikör oder Orangensaft

FÜR DEN TEIG:

300 g Butter (zimmerwarm)
300 g Zucker
1 Pck. Vanillin-Zucker
1 TL Bio-Zitronenschale (unbehandelt, ungewachst)
6 Eier (Größe M)
300 g Weizenmehl
3 gestr. TL Backpulver
etwa 3 EL Rum (ggf. von den Rosinen), Mandellikör oder Milch
100 g geröstete und gehackte Haselnusskerne

FÜR DEN BELAG:

200 g Zartbitter-Kuvertüre (etwa 60 % Kakaoanteil)
40 g Amarettini (ital. Mandelmakronen)

PRO STÜCK:

E: 6 g, F: 22 g, Kh: 41 g, kcal: 396

1. Zum Vorbereiten für den Belag Rosinen in eine Schüssel geben, mit Rum oder Likör oder Orangensaft beträufeln. Rosinen etwa 3 Stunden durchziehen lassen. Für den Belag die Rosinen abtropfen lassen, evtl. die Flüssigkeit auffangen und für den Teig verwenden.

2. Den Backofen vorheizen.
Ober-/Unterhitze: etwa 180 °C
Heißluft: etwa 160 °C

3. Für den Teig Butter, ½ gestr. TL Salz, Zucker, Vanillin-Zucker und Zitronenschale mit einem Mixer (Rührstäbe) zunächst kurz auf niedrigster, dann auf mittlerer Stufe hellcremig aufschlagen, bis sich der Zucker gelöst hat. Die Eier einzeln unterrühren (jedes Ei etwa 2 Minuten). Mehl mit Backpulver mischen, abwechselnd mit Rum, Likör oder Milch auf mittlerer Stufe kurz unterrühren. Haselnusskerne untermischen.

4. Für den Belag Kuvertüre nicht zu fein hacken. Amarettini grob zerbröseln.

5. Den Teig in einem tiefen Backblech oder in einer Fettpfanne (30 x 40 cm, gefettet, mit Backpapier belegt) verstreichen. Rosinen, Kuvertüre und Amarettinibrösel darauf verteilen.

6. Das Backblech oder die Fettpfanne in den vorgeheizten Backofen schieben. Den Kuchen **in etwa 30 Minuten goldbraun backen.**

7. Das Backblech oder die Fettpfanne auf einen Kuchenrost stellen. Den Kuchen darauf erkalten. Den Kuchen in Schnitten teilen und servieren.

SCHOKO-ORANGEN-TORTE

Zubereitungszeit: 40 Minuten, ohne Kühlzeit
Backzeit: 15–20 Minuten je Boden

ZUTATEN FÜR 16 STÜCKE

FÜR DEN TEIG I:

150 g Butter oder Margarine (zimmerwarm)
100 g Zucker
1 Pck. Vanillin-Zucker
abger. Schale von ½ Bio-Orange (unbehandelt, ungewachst)
1 Ei (Größe M)
3 Eigelb (Größe M)
125 g Weizenmehl
2 gestr. TL Backpulver
3 Eiweiß (Größe M)
100 g abgezogene, gem. Mandeln

FÜR DEN TEIG II:

100 g ger. Zartbitter-Schokolade (mindestens 50 % Kakaoanteil)
½ TL gem. Zimt

FÜR DIE FÜLLUNG:

2–3 Orangen
100 g Quittengelee
1 Pck. ungezuckerter Tortenguss, klar
25 g Zucker
100 ml Orangensaft

FÜR DEN GUSS:

50 g weiße Schokolade
½ TL Speiseöl
100 g Zartbitter-Schokolade (etwa 50 % Kakaoanteil)
1 TL Speiseöl

PRO STÜCK:

E: 5 g, F: 19 g, Kh: 28 g, kcal: 302

1. Den Backofen vorheizen.
Ober-/Unterhitze: etwa 180 °C
Heißluft: etwa 160 °C

2. Für den Teig I Butter oder Margarine in einer Rührschüssel mit einem Mixer (Rührstäbe) geschmeidig rühren. Nach und nach Zucker, Vanillin-Zucker und Orangenschale unterrühren. So lange rühren, bis eine gebundene Masse entstanden ist.

3. Ei und Eigelb nach und nach unterrühren (Ei/Eigelb jeweils knapp ½ Minute). Mehl und Backpulver mischen, in 2 Portionen auf mittlerer Stufe unterrühren. Eiweiß mit dem Mixer (Rührstäbe) mit 1 Prise Salz steif schlagen. Eischnee mit den Mandeln unterheben.

4. Die Hälfte des Teiges in eine Springform (Ø 26 cm, gefettet) geben und glatt streichen. Die Form auf dem Rost in den vorgeheizten Backofen schieben. Den Boden **15–20 Minuten backen.**

5. Den Gebäckboden aus der Form lösen und auf einem mit Backpapier belegten Kuchenrost erkalten lassen.

6. Für den Teig II geriebene Schokolade und Zimt unter den restlichen Teig rühren. Den Teig in die zuvor gesäuberte Springform (Ø 26 cm, gefettet) geben und glatt streichen. Die Form ebenfalls auf dem Rost in den heißen Backofen schieben. Den Gebäckboden **bei gleicher Backofentemperatur 15–20 Minuten backen.**

7. Den Schokoladenboden aus der Form lösen und auf einem mit Backpapier belegten Kuchenrost erkalten lassen.

8. Für die Füllung Orangen so schälen, dass die weiße Haut mitentfernt wird. Orangen filetieren und in Stücke schneiden (etwa 250 g).

9. Quittengelee und Orangenstücke in einem kleinen Topf unter Rühren zum Kochen bringen (Gelee muss aufgelöst sein). Tortengusspulver mit Zucker und Orangensaft anrühren. Angerührtes

Tortengusspulver in die von der Kochstelle genommene Orangen-Quitten-Masse rühren und unter Rühren nochmals aufkochen lassen.

10. Den hellen Gebäckboden auf eine Tortenplatte legen. Einen Tortenring darumstellen. Die heiße Orangen-Quitten-Masse nach und nach darauf verteilen. Den Schokoladenboden darauflegen und etwas andrücken. Die Torte etwa 1 Stunde in den Kühlschrank stellen. Tortenring mit einem Messer lösen und entfernen.

11. Für den Guss die weiße Schokolade in Stücke brechen, mit Speiseöl in einem kleinen Topf im heißen Wasserbad bei schwacher Hitze unter Rühren schmelzen. Die dunkle Schokolade ebenfalls mit Speiseöl wie zuvor beschrieben schmelzen.

12. Zuerst die dunkle Schokolade, dann die weiße Schokolade auf die Torte geben und mit einem Spachtel oder Tortenheber so verstreichen, dass ein Marmormuster entsteht. Den Schokoladenguss fest werden lassen.

TIPP:

Die Schoko-Orangen-Torte kann gut vorbereitet werden. Sie hält sich zugedeckt im Kühlschrank 2–3 Tage frisch.

SCHWARZBROT, SÜSS

Zubereitungszeit: 55 Minuten, ohne Abkühl- und Teiggehzeit
Backzeit: etwa 60 Minuten

ZUTATEN FÜR 1 RUNDES BROT

FÜR DIE KARTOFFELMASSE:

200 g mehligkochende Kartoffeln
Salz

ZUM VORBEREITEN:

450 ml kaltes Wasser
80 g Maismehl
20 g Butter
60 g Zartbitter-Schokolade (etwa 50 % Kakaoanteil)
250 g dunkler Zuckerrübensirup
1 ½ gestr. TL gem. Kümmelsamen
2 gestr. TL brauner Zucker
2 gestr. TL Salz

FÜR DEN TEIG:

50 ml lauwarmes Wasser
30 g frische Hefe
400 g Roggenmehl (Type 1150)
200 g Weizenvollkornmehl
100 g Weizenschrot (mittelfein gemahlen)

ZUM BESTÄUBEN:

100 g Weizenvollkornmehl

FÜR DIE SCHÜSSEL UND DAS BLECH:

1 EL Speiseöl

ZUM BESTREICHEN:

1 Eiweiß (Größe M)
2 EL Wasser

INSGESAMT:

E: 119 g, F: 63 g, Kh: 7991 g, kcal: 4282

1. Für die Kartoffelmasse Kartoffeln schälen, abspülen, in einem Topf knapp mit leicht gesalzenem Wasser bedeckt, zugedeckt zum Kochen bringen und in etwa 20 Minuten gar kochen. Kartoffeln abgießen und noch heiß durch eine Kartoffelpresse drücken. Kartoffelmasse auf Zimmertemperatur abkühlen lassen.

2. Zum Vorbereiten Wasser in einen Topf geben. Maismehl hinzugeben und unter Rühren zum Kochen bringen. Den Topf von der Kochstelle nehmen. Butter und Schokolade hinzugeben und schmelzen lassen. Zuckerrübensirup, Kümmel, Zucker und Salz hinzugeben und mit einem Mixer (Rührbesen) gut unterarbeiten. Die Mischung auf Zimmertemperatur abkühlen lassen.

3. Für den Teig Wasser in eine Rührschüssel der Küchenmaschine geben. Hefe hinzugeben und unter Rühren darin auflösen. Kartoffelmasse und Maisbreimischung hinzugeben und mit dem Knethaken der Küchenmaschine gründlich unterarbeiten. Beide Mehlsorten und Schrot hinzugeben und zu einem glatten Teig verkneten.

4. Die Arbeitsfläche mit 50 g des Weizenvollkornmehls bestäuben. Den Teig daraufgeben. Das Mehl unter den Teig arbeiten und mit den Händen so lange verkneten, bis der Teig elastisch ist (5–10 Minuten).

5. Den Teig zu einer Kugel formen und in eine mit ½ Esslöffel Öl ausgestrichene Rührschüssel legen. Die Schüssel mit Frischhaltefolie zudecken. Den Brotteig so lange an einem warmen Ort gehen lassen, bis er sich sichtbar vergrößert hat (etwa 90 Minuten).

6. Die Arbeitsfläche mit dem restlichen Mehl bestäuben. Den Teig daraufgeben (Frischhaltefolie beiseitelegen, wird nochmals benötigt) und das Mehl unter gründlichem Kneten einarbeiten. Den Teig zu einer Kugel formen.

7. Ein Backblech mit ½ Esslöffel Öl bestreichen. Die Teigkugel darauflegen, mit der beiseitegelegten Frischhaltefolie lose zudecken und so lange an einem warmen Ort gehen lassen, bis sie sich sichtbar vergrößert hat (etwa 90 Minuten). Folie entfernen.

8. Den Backofen vorheizen.
Ober-/Unterhitze: etwa 180 °C
Heißluft: nicht empfehlenswert

9. Zum Bestreichen Eiweiß in einer kleinen Schüssel mit 2 Esslöffeln Wasser gründlich verquirlen. Den Brotlaib damit bestreichen.

10. Das Backblech in den vorgeheizten Backofen schieben. Schwarzbrot **etwa 60 Minuten backen.**

11. Das Brot auf einen Kuchenrost legen und erkalten lassen.

TIPPS:

Zu diesem besonderen Brot schmecken sowohl herzhafte, als auch süße Beläge. Besonders gut schmeckt es mit Butter und dunklem Zuckerrübensirup oder Apfelkraut bestrichen.

SPROSSENBROT, WÜRZIG

Zubereitungszeit: 15 Minuten, ohne Teiggehzeit
Backzeit: etwa 45 Minuten

ZUTATEN FÜR 1 KASTENBROT

ZUM VORBEREITEN:

100 g gemischte Sprossen,
z. B. Sonnenblumen-, Mini-Mungobohnen- und Radieschensprossen

FÜR DEN TEIG:

300 g Dinkelvollkornmehl
100 g Roggenvollkornmehl
1 Pck. Backpulver, 1–2 gestr. TL Salz
½ TL gem. Fenchelsamen
3 EL Olivenöl, 350 ml Reine Molke

etwas Weizenmehl zum Bestäuben

INSGESAMT:

E: 55 g, F: 44 g, Kh: 284 g, kcal: 1772

1. Zum Vorbereiten die Sprossen in ein hitzebeständiges Sieb geben, mit kochendem Wasser übergießen und abtropfen lassen.

2. Den Backofen vorheizen.
Ober-/Unterhitze: etwa 180 °C
Heißluft: etwa 160 °C

3. Für den Teig beide Mehlsorten, Backpulver, Salz und Fenchel in einer Rührschüssel mischen. Sprossen und restliche Zutaten hinzugeben. Die Zutaten mit einem Mixer (Knethaken) zu einem weichen Teig verkneten. Den Teig mit Mehl bestäuben und ruhen lassen (etwa 5 Minuten).

4. Den Teig in eine Kastenform (25 x 11 cm, mit Backpapier ausgelegt) geben und glatt streichen.

5. Die Form auf einem Rost in den vorgeheizten Backofen schieben. Das Brot **etwa 45 Minuten backen.**

TIPPS:

Zu diesem Brot schmecken unterschiedliche Frischkäseaufstriche, z. B. mit Meerrettich oder Schnittlauch sehr gut. Belegen Sie die bestrichenen Brote zusätzlich mit Radieschen- oder Rettichscheiben oder bestreuen Sie sie mit Schnittlauchröllchen. Möchten Sie das Brot noch pikanter, geben Sie zusätzlich bei Punkt 3 1 gestrichenen Teelöffel geriebenen Meerrettich (aus der Tube oder dem Glas) mit in den Teig.

STACHELBEER-HASELNUSS-KUCHEN

Zubereitungszeit: 30 Minuten
Backzeit: etwa 30 Minuten

ZUTATEN FÜR 20 STÜCKE

ZUM VORBEREITEN:

100 g Nuss-Nougat (schnittfest)

FÜR DEN TEIG:

200 g Butter oder Margarine (zimmerwarm)
200 g Zucker
4 Eier (Größe M)
200 g Weizenmehl
2 gestr. TL Backpulver
200 g gem. Haselnüsse
3 EL Milch

720 g abgetropfte Stachelbeeren (aus dem Glas)

FÜR DIE BAISERSTREUSEL:

50 g Schaumgebäck
(Baisertropfen, Fertigprodukt)

ZUM GARNIEREN:

100 g Nuss-Nougat (schnittfest)

PRO STÜCK:

E: 5 g, F: 20 g, Kh: 31 g, kcal: 323

1. Den Backofen vorheizen.
Ober-/Unterhitze: etwa 180 °C
Heißluft: etwa 160 °C

2. Zum Vorbereiten Nuss-Nougat in kleine Würfel schneiden.

3. Für den Teig Butter oder Margarine mit einem Mixer (Rührstäbe) auf höchster Stufe geschmeidig rühren. Nach und nach Zucker und 1 Prise Salz unterrühren. So lange rühren, bis eine gebundene Masse entstanden ist. Eier nach und nach unterrühren (jedes Ei etwa ½ Minute).

4. Mehl mit Backpulver und Haselnüssen mischen und nach und nach auf mittlerer Stufe kurz unterrühren. Dann die Milch unterrühren. Nougatwürfel unterheben.

5. Den Teig in eine Fettpfanne (30 x 40 cm, gefettet) geben und glatt streichen. Die Stachelbeeren gleichmäßig darauf verteilen.

6. Für die Streusel Schaumgebäck grob hacken und auf den Stachelbeeren verteilen.

7. Fettpfanne in den vorgeheizten Backofen schieben. Den Kuchen **etwa 30 Minuten backen.**

8. Inzwischen zum Garnieren den Nougat in kleine Würfel schneiden.

9. Die Fettpfanne auf einen Kuchenrost stellen. Nach 3–5 Minuten die Nougatwürfel auf dem Kuchen verteilen. Sobald sie zu schmelzen beginnen, die Würfel mit einem Teelöffel leicht verstreichen.

10. Den Kuchen erkalten lassen und in Stücke schneiden.

STACHELBEERKUCHEN MIT KOKOS-BIENENSTICH

Zubereitungszeit: 35 Minuten, ohne Abkühlzeit
Backzeit: etwa 40 Minuten

ZUTATEN FÜR 20 STÜCKE

FÜR DEN BELAG:

125 g Butter
80 g flüssiger Honig
65 ml Kokosmilch
200 g Kokosraspel
2 Eier (Größe M)

FÜR DEN QUARK-ÖL-TEIG:

300 g Weizenmehl
3 gestr. TL Backpulver
80 g Zucker
150 g Magerquark
100 ml Kokosmilch
100 ml Speiseöl

720 g abgetropfte Stachelbeeren (aus dem Glas)

PRO STÜCK:

E: 4 g, F: 19 g, Kh: 25 g, kcal: 289

1. Für den Belag Butter, Honig und Kokosmilch in einem Topf bei mittlerer Hitze schmelzen und aufkochen lassen. Kokosraspel unterrühren. Die Kokosmasse erkalten lassen und die Eier unterrühren.

2. Den Backofen vorheizen.
Ober-/Unterhitze: etwa 180 °C
Heißluft: etwa 160 °C

3. Für den Teig Mehl mit Backpulver mischen und in eine Rührschüssel geben. Zucker, Quark, Kokosmilch und Speiseöl hinzufügen.

4. Die Zutaten mit einem Mixer (Rührstäbe) zunächst auf niedrigster, dann auf höchster Stufe in etwa 1 Minute zu einem glatten Teig verarbeiten (nicht zu lange, Teig klebt sonst).

5. Den Teig auf einem Backblech (30 x 40 cm, gefettet, mit Backpapier belegt) ausrollen. Einen Backrahmen darumstellen. Die Stachelbeeren auf dem Teig verteilen. Anschließend die Kokosmasse daraufgeben und vorsichtig auf den Stachelbeeren verstreichen.

6. Das Backblech in den vorgeheizten Backofen schieben. Den Kuchen **etwa 40 Minuten backen.**

7. Das Backblech auf einen Kuchenrost stellen. Den Kuchen erkalten lassen. Den Backrahmen lösen und entfernen. Den Stachelbeerkuchen in Stücke schneiden.

TIPP:

Die Kuchenoberfläche nach Belieben mit Puderzucker bestäuben.

STRACCIATELLA-KUCHEN MIT HIMBEEREN

Zubereitungszeit: 45 Minuten, ohne Abkühlzeit
Backzeit: etwa 65 Minuten

ZUTATEN FÜR 12 STÜCKE

ZUM VORBEREITEN:

150 g Zartbitter-Kuvertüre (mind. 50 % Kakaoanteil)

FÜR DEN TEIG:

150 g Butter oder Margarine (zimmerwarm)
150 g Zucker
2 Pck. Vanillin-Zucker
3 Eier (Größe M)
200 g Joghurt
250 g Weizenmehl
3 TL Backpulver
150 g gem. Haselnusskerne

300 g TK-Himbeeren

FÜR DIE STREUSEL:

100 g Butterkekse
30 g Zucker
75 g Butter (zimmerwarm)

ZUM BESTÄUBEN:

etwas Puderzucker

PRO STÜCK:

E: 8 g, F: 32 g, Kh: 46 g, kcal: 505

1. Zum Vorbereiten die Kuvertüre grob hacken und beiseitestellen.

2. Den Backofen vorheizen.
Ober-/Unterhitze: etwa 180 °C
Heißluft: etwa 160 °C

3. Für den Teig Butter oder Margarine mit einem Mixer (Rührstäbe) auf höchster Stufe geschmeidig rühren. Nach und nach Zucker und Vanillin-Zucker unterrühren und so lange rühren, bis eine gebundene Masse entstanden ist.

4. Die Eier nach und nach unterrühren (jedes Ei etwa ½ Minute). Joghurt unterrühren. Mehl mit Backpulver mischen und in 2 Portionen unterrühren. Haselnüsse unterrühren.

5. Ein Viertel des Teiges in eine Springform (Ø 26 cm, gefettet, mit Backpapier belegt) geben und glatt streichen.

6. Unter den restlichen Teig die Kuvertürestücke heben. Den Teig in die Springform geben, glatt streichen und gleichmäßig mit den Himbeeren belegen. Dabei am Rand etwa 1 cm frei lassen.

7. Die Form auf dem Rost in den vorgeheizten Backofen schieben. Kuchen **etwa 45 Minuten backen.**

8. Für die Streusel in der Zwischenzeit die Butterkekse mit einem Blitzhacker sehr fein mahlen. Keksmehl, Zucker und Butter in eine kleine Rührschüssel geben. Mit dem Mixer (Rührstäbe) zu Streuseln von gewünschter Größe verarbeiten.

9. Die Form aus dem Backofen nehmen und auf einen Kuchenrost stellen. Die Streusel gleichmäßig auf dem Kuchen verteilen. Die Form wieder auf dem Rost in den heißen Backofen schieben. Den Stracciatella-Kuchen **bei gleicher Backofentemperatur weitere etwa 20 Minuten backen.**

10. Stracciatella-Kuchen auf einen Kuchenrost stellen und etwa 10 Minuten in der Form erkalten lassen. Dann aus der Form lösen und mit dem Backpapier auf dem Kuchenrost erkalten lassen. Mitgebackenes Backpapier entfernen.

11. Den Kuchen auf eine Tortenplatte setzen und mit Puderzucker bestäubt servieren.

TIROLER KRANZKUCHEN

Zubereitungszeit: 40 Minuten, ohne Abkühlzeit
Backzeit: etwa 70 Minuten

ZUTATEN FÜR 18 STÜCKE

FÜR DEN RÜHRTEIG:

3 Eiweiß (Größe M)
200 g Butter oder Margarine (zimmerwarm)
175 g Zucker
abger. Schale von ½ Bio-Zitrone (unbehandelt, ungewachst)
1 TL gem. Zimt
3 Eier (Größe M)
3 Eigelb (Größe M)
125 g Weizenmehl
1 TL Backpulver
200 g gem. Haselnusskerne
200 g Zartbitter-Schokolade, (mind. 50 % Kakaoanteil)

FÜR DEN GUSS:

100 g Edelbitter-Schokolade, (etwa 55 % Kakaoanteil)
100 g Vollmilch-Schokolade
2 TL Speiseöl, z. B. Sonnenblumenöl

PRO STÜCK:

E: 6 g, F: 27 g, Kh: 26 g, kcal: 368

1. Den Backofen vorheizen.
Ober-/Unterhitze: etwa 180 °C
Heißluft: etwa 160 °C

2. Für den Teig Eiweiß mit einem Mixer (Rührstäbe) steif schlagen. Butter oder Margarine in einer weiteren Rührschüssel mit dem Mixer (Rührstäbe) geschmeidig rühren. Nach und nach Zucker, Zitronenschale, Zimt und 1 Prise Salz unterrühren. So lange rühren, bis eine gebundene Masse entstanden ist. Eier und Eigelb nach und nach unterrühren (jedes Ei/Eigelb etwa ½ Minute).

3. Das Mehl mit Backpulver und Haselnusskernen mischen, in 2 Portionen auf mittlerer Stufe unterrühren. Eiweiß und vorsichtig unterheben.

4. Schokolade klein hacken und ebenfalls unter den Teig heben. Den Teig in eine Rohrbodenform (Ø 22 cm, gefettet) geben und glatt streichen. Die Form auf dem Rost in den vorgeheizten Backofen schieben. Den Kuchen **etwa 70 Minuten backen.**

5. Die Form auf einen Kuchenrost stellen. Den Kuchen etwa 10 Minuten in der Form stehen lassen, dann aus der Form lösen und auf einen mit Backpapier belegten Kuchenrost stürzen. Kuchen erkalten lassen.

6. Für den Guss beide Schokoladensorten in Stücke brechen, mit Speiseöl in einem kleinen Topf im heißen Wasserbad bei schwacher Hitze unter Rühren schmelzen. Den Kuchen damit überziehen. Guss fest werden lassen.

TOFFEE-TORTE, SCHNELL

Zubereitungszeit: 20 Minuten, ohne Kühlzeit
Backzeit: 22–24 Minuten

ZUTATEN FÜR 16 STÜCKE

FÜR DEN BISKUITTEIG:

4 Eier (Größe M)
160 g Zucker
60 g Weizenmehl
60 g gem. Haselnusskerne
40 g gesiebtes Kakaopulver
1 gestr. TL Backpulver

FÜR DEN BELAG:

175 g Toffeecreme (Fertigprodukt, aus dem Glas)
600 g Schlagsahne (mind. 30 % Fett)
1 Pck. Bourbon-Vanille-Zucker
1–2 Pck. Sahnesteif
100 g dunkle Schokoladen-/Kuchenglasur

PRO STÜCK:

E: 7 g, F: 24 g, Kh: 21 g, kcal: 328

1. Den Backofen vorheizen.
Ober-/Unterhitze: etwa 180 °C
Heißluft: etwa 160 °C

2. Für den Teig Eier und 1 Prise Salz mit einem Mixer (Rührstäbe) auf höchster Stufe in etwa 2 Minuten schaumig schlagen, dann den Zucker in etwa 1 Minute nach und nach unterschlagen. So lange schlagen, bis sich der Zucker ganz gelöst hat.

3. Mehl, Nusskerne, Kakao und Backpulver mischen, auf den Eierschaum geben und vorsichtig unterheben. Den Teig in eine Springform (Ø 24–26 cm, gefettet oder mit Backpapier belegt) geben und glatt streichen. Die Form auf dem Rost in den vorgeheizten Backofen schieben. Den Biskuitboden **22–24 Minuten backen.**

4. Die Form auf einen Kuchenrost stellen. Den Biskuitboden in der Form erkalten lassen. Dann den Biskuitboden aus der Form lösen und auf eine Tortenplatte setzen.

5. Für den Belag die Toffeecreme evtl. glatt rühren und auf dem Biskuitboden glatt verstreichen.

6. Sahne mit dem Mixer (Rührstäbe) mit Vanille-Zucker und Sahnesteif steif schlagen, kuppelartig auf den Biskuitboden streichen. Die Torte in den Kühlschrank stellen und gut durchkühlen lassen.

7. Die Glasur nach Packungsanleitung schmelzen und in feinen Streifen rundherum auf den Tortenrand träufeln. Glasur fest werden lassen.

TIPP:

Für zusätzlichen Knusperspaß und noch ein bisschen mehr American-Feeling, die Torte vor dem Servieren mit fein geschnittenen Erdnuss-Karamell-Riegelstückchen bestreuen.

TOPFENSTRUDEL (QUARKSTRUDEL)

Zubereitungszeit: 40 Minuten, ohne Ruhezeit
Backzeit: etwa 45 Minuten

ZUTATEN FÜR 12 STÜCKE

FÜR DEN STRUDELTEIG:

125 g Weizenmehl
1 Prise Salz
1 Ei (Größe M)
2 EL lauwarmes Wasser
knapp 2 EL Speiseöl,
z. B. Sonnenblumenöl

FÜR DIE FÜLLUNG:

40 g Butter oder Margarine (zimmerwarm)
40 g Zucker, 1 Ei (Größe M)
1 EL Zitronensaft
250 g Magerquark (Topfen)
1 Pck. Vanillesauce, zum Kochen
2 EL Schlagsahne
240 g abgetropfte Aprikosenhälften
(aus dem Glas)
50 g Rosinen

ZUM BESTREICHEN:

40 g Butter

ZUM BESTÄUBEN:

etwas Puderzucker

PRO STÜCK:

E: 5 g, F: 9 g, Kh: 22 g, kcal: 192

1. Für den Teig Mehl in eine Rührschüssel geben. Übrige Teigzutaten hinzufügen und mit einem Mixer (Knethaken) erst kurz auf niedrigster, dann auf höchster Stufe zu einem glatten Teig verarbeiten. In einem kleinen Topf Wasser kochen, das Wasser ausgießen und den Topf abtrocknen.

2. Den Teig auf Backpapier in den heißen Topf legen. Den Topf mit dem Deckel verschließen und den Teig etwa 30 Minuten ruhen lassen.

3. Den Backofen vorheizen.
Ober-/Unterhitze: etwa 180 °C
Heißluft: etwa 160 °C

4. Für die Füllung Butter oder Margarine geschmeidig rühren. Nach und nach Zucker, Ei, Zitronensaft, Quark, Saucenpulver und Sahne unterrühren.

5. Aprikosen in einem Sieb abtropfen lassen, fein würfeln. Den Teig halbieren und jede Teighälfte auf einem bemehlten Geschirrtuch zu einem Rechteck (etwa 40 x 30 cm) ausrollen.

6. Butter zerlassen. Die Teighälften mit etwas von der zerlassenen Butter bestreichen.
Jedes Teigrechteck mit der Hälfte der Füllung bestreichen (an den Seiten etwa 3 cm frei lassen) und jeweils mit der Hälfte der Rosinen und Aprikosenstücke bestreuen. Die frei gelassenen Teigränder der langen Seiten auf die Füllung klappen. Die Teigplatten mithilfe des Tuches von der kurzen Seite aus aufrollen und an den Enden gut zusammendrücken.

7. Die Strudel mit der Naht nach unten auf ein Backblech (gefettet) legen, mit etwas von der Butter bestreichen. Das Backblech im unteren Drittel in den vorgeheizten Backofen schieben. Die Strudel **etwa 45 Minuten backen.**

8. Nach etwa 30 Minuten Backzeit die Strudel mit der übrigen Butter bestreichen. Nach dem Backen die Strudel auf dem Backblech auf einem Kuchenrost erkalten lassen oder warm servieren und mit Puderzucker bestäuben.

TRAUBENTORTE

Zubereitungszeit: 35 Minuten, ohne Kühlzeit
Backzeit: etwa 70 Minuten

ZUTATEN FÜR 12 STÜCKE

FÜR DEN KNETTEIG:

120 g Weizenmehl
½ TL Backpulver
120 g Butter oder Margarine (zimmerwarm)
80 g Zucker
100 g gem. Haselnusskerne
1 Ei (Größe M)

FÜR DEN BELAG:

750 g kernlose, grüne Weintrauben
80 g Butter oder Margarine
40 g Zucker
2 Pck. Vanillin-Zucker
abger. Schale und Saft von ½ Bio-Zitrone (unbehandelt, ungewachst)
4 Eigelb (Größe M)
100 g abgezogene, gem. Mandeln
40 g gesiebte Speisestärke
4 Eiweiß (Größe M)
40 g Zucker

ZUM BESTÄUBEN:

etwas Puderzucker

PRO STÜCK:

E: 7 g, F: 27 g, Kh: 37 g, kcal: 418

1. Den Backofen vorheizen.
Ober-/Unterhitze: etwa 180 °C
Heißluft: etwa 160 °C

2. Für den Teig Mehl mit Backpulver mischen und in eine Rührschüssel geben. Butter oder Margarine, Zucker, Haselnusskerne und Ei hinzufügen. Die Zutaten mit einem Mixer (Knethaken) zunächst kurz auf niedrigster, dann auf höchster Stufe gut durcharbeiten.

3. Anschließend auf der bemehlten Arbeitsfläche zu einem glatten Teig verarbeiten. Den Teig in Frischhaltefolie gewickelt etwa 30 Minuten kalt stellen.

4. Zwei Drittel des Teiges auf dem Boden einer Springform (Ø 26 cm, gefettet) ausrollen. Teigboden mehrmals mit einer Gabel einstechen. Einen Springformrand darumlegen. Restlichen Teig wieder kalt stellen.

5. Die Form auf dem Rost in den vorgeheizten Backofen (untere Schiene) schieben. Den Knetteigboden **etwa 10 Minuten vorbacken**. Die Form auf einen Kuchenrost stellen. Den Boden erkalten lassen.

6. In der Zwischenzeit für den Belag die Weintrauben waschen, gut abtropfen lassen, entstielen und halbieren. Die Butter oder Margarine mit dem Mixer (Rührstäbe) geschmeidig rühren. Nach und nach den Zucker und Vanillin-Zucker unterrühren, Zitronenschale und -saft hinzufügen. Eigelb nach und nach unterrühren (jedes Eigelb etwa ½ Minute). Mandeln mit Speisestärke mischen und unter die Eigelbmasse rühren.

7. Eiweiß mit dem Mixer (Rührstäbe) mit Zucker und 1 Prise Salz steif schlagen, vorsichtig in 2 Portionen unter die Eigelbmasse heben. Weintraubenhälften ebenfalls unterheben.

8. Aus dem restlichen Teig eine Rolle formen, als Rand auf den vorgebackenen Boden legen und so an den Formrand drücken, dass ein etwa 4 cm hoher Rand entsteht.

9. Den Belag auf dem vorgebackenen Boden verteilen und glatt streichen. Die Form wieder auf dem Rost in den heißen Backofen (untere Schiene) schieben. Den Kuchen **bei gleicher Backofentemperatur in etwa 60 Minuten fertig backen.**

10. Evtl. etwa 10 Minuten vor Ende der Backzeit die Kuchenoberfläche mit Backpapier belegen.

11. Die Form auf einen Kuchenrost stellen. Den Kuchen und den Boden vom Springformrand lösen. Den Springformrand entfernen. Den Kuchen auf dem Springformboden erkalten lassen.

12. Den Kuchen auf eine Tortenplatte setzen und mit Puderzucker bestäuben.

HINWEIS:

Den Kuchen nicht in den Kühlschrank stellen.

WALDBEER-PUMPERNICKEL-BISKUIT

Zubereitungszeit: 45 Minuten, ohne Kühlzeit
Backzeit: etwa 20 Minuten

ZUTATEN FÜR 12–14 STÜCKE

FÜR DEN BISKUITTEIG:

50 g Zartbitter-Schokolade (etwa 50 % Kakaoanteil)
100 g Pumpernickel
75 g gem. Mandeln
25 g Weizenmehl
10 g gesiebtes Kakaopulver
4 Eier (Größe M)
160 g Zucker

FÜR DIE FÜLLUNG:

600 g gemischte Wald- oder Kulturbeeren nach Saison und Geschmack (etwa Heidel,- Brom-, Him- und Johannisbeeren; alternativ TK-Früchte)
350 g Doppelrahm-Frischkäse (gut gekühlt)
2 EL Zitronensaft
60 g Puderzucker
400 g Schlagsahne (mind. 30 % Fett)
2 Pck. Gelatine fix (für je 250 ml Flüssigkeit)
2–3 EL Beeren-Fruchtaufstrich oder -konfitüre

PRO STÜCK:

E: 10 g, F: 27 g, Kh: 34 g, kcal: 431

1. Den Backofen vorheizen.
Ober-/Unterhitze: etwa 180 °C
Heißluft: etwa 160 °C

2. Für den Teig Schokolade fein reiben. Pumpernickel ebenfalls sehr fein reiben oder im Blitzhacker zerbröseln. Mandeln, Mehl, Kakao und Pumpernickelbrösel mischen. Schokolade untermischen.

3. Die Eier trennen. Eiweiß mit einem Mixer (Rührstäbe) steif schlagen, dabei nach und nach den Zucker einrieseln lassen. Eigelb hinzugeben und kurz unterschlagen. Pumpernickelmischung daraufgeben. Mit einem Teigschaber vorsichtig untermischen. Die Masse in eine quadratische Backform (24 x 24 cm, gefettet, mit Backpapier belegt) oder eine Springform (Ø 26 cm, gefettet, mit Backpapier belegt) geben und glatt streichen.

4. Die Form auf dem Rost in den vorgeheizten Backofen schieben. Den Biskuitboden **etwa 20 Minuten backen.**

5. Die Form auf einen Kuchenrost stellen. Den Biskuitboden in der Form erkalten lassen.

6. Für die Füllung Beeren verlesen, evtl. abspülen und gut abtropfen lassen. Frischkäse, Zitronensaft und Puderzucker in einer Rührschüssel glatt verrühren. Sahne in einen hohen Rührbecher geben und mit dem Mixer (Rührstäbe) steif schlagen, dabei das Gelatine fix nach und nach unterschlagen. Sahne in 3–4 Portionen unter den Frischkäse ziehen.

7. Den Backformrand lösen und entfernen. Den Biskuitboden vorsichtig auf ein Stück Backpapier stürzen, mitgebackenes Backpapier abziehen. Den Biskuitboden waagerecht halbieren. Die untere Hälfte auf eine Platte setzen, mit einem Backrahmen oder dem gesäuberten Springformrand umschließen.

8. 350 g Früchte mit Fruchtaufstrich oder Konfitüre mischen. Die Beerencreme auf den unteren Biskuitboden streichen. Den oberen Biskuitboden in 12–14 Stücke schneiden, auf die Creme legen und leicht andrücken. Die Torte etwa 1 Stunde in den Kühlschrank stellen.

9. Den Tortenring oder Springformrand lösen und entfernen. Die Torte in Schnitten teilen. Jeweils einen dicken Klecks von der restlichen Beerencreme daraufsetzen und mit den restlichen Beeren garniert servieren.

WEINTRAUBEN-SCHNECKENKUCHEN

Zubereitungszeit: 50 Minuten, ohne Teiggeh- und Abkühlzeit
Backzeit: etwa 35 Minuten

ZUTATEN FÜR 12 STÜCKE

FÜR DEN HEFETEIG:

375 g Weizenmehl (Type 550)
1 Pck. Trockenbackhefe
70 g Zucker
1 Prise Salz
120 g zerlassene, abgekühlte Butter oder Margarine
125 g lauwarme Buttermilch
1 Ei (Größe M)

FÜR DEN BELAG:

150 g Marzipan-Rohmasse
25 g Butter (zimmerwarm)
1 Pck. Vanillin-Zucker
1 Eiweiß (Größe M)

FÜR DIE FÜLLUNG:

Je 200 g blaue und grüne, kernlose Weintrauben (vorbereitet gewogen)
25 g Butter
25 g flüssiger Honig (etwa 1 EL)
100 g ger. Löffelbiskuits

ZUM BESTREICHEN UND BESTREUEN:

1 Eigelb (Größe M)
25 g gestiftelte Mandeln

PRO STÜCK:

E: 9 g, F: 19 g, Kh: 49 g, kcal: 407

1. Für den Teig Mehl in einer Rührschüssel mit Trockenbackhefe sorgfältig vermischen. Übrige Zutaten hinzufügen und mit einem Mixer (Knethaken) zunächst kurz auf niedrigster, dann auf höchster Stufe in etwa 5 Minuten zu einem glatten Teig verarbeiten. Teig zugedeckt an einem warmen Ort gehen lassen, bis er sich sichtbar vergrößert hat (etwa 30 Minuten).

2. Für den Belag Marzipan in Stücke schneiden, mit Butter, Vanillin-Zucker und Eiweiß in einem hohen Rührbecher mithilfe eines Pürierstabes zu einer geschmeidigen Masse verrühren.

3. Für die Füllung Weintrauben abspülen, trocken tupfen und halbieren. größere Weintrauben vierteln. Butter und Honig in einem Topf bei starker Hitze zerlassen. Weintraubenhälften hinzugeben, unterrühren und etwa 2 Minuten bei mittlerer Hitze kochen lassen. Die Weintraubenmasse auf einem Teller abkühlen lassen.

4. Gegangenen Teig leicht mit Mehl bestäuben, aus der Schüssel nehmen, auf einer bemehlten Arbeitsfläche nochmals kurz durchkneten und zu einem Rechteck (etwa 30 x 45 cm) ausrollen. Marzipanmasse auf die Teigplatte geben und glatt streichen, dabei die Ränder etwa 2 cm frei lassen. Unter die abgekühlten Weintrauben die Biskuitbrösel rühren, auf dem Marzipanbelag verteilen und glatt streichen.

5. Die Teigränder an den längeren Seiten etwas einschlagen. Die belegte Teigplatte jeweils von der kürzeren Seite aus bis zur Mitte hin aufrollen, sodass 2 Schnecken entstehen. Die Teigschnecken auf ein Backblech (30 x 40 cm, mit Backpapier belegt) legen.

6. Zum Bestreichen und Bestreuen Eigelb mit 1 Esslöffel Wasser verschlagen. Teigschnecken damit bestreichen, mit Mandeln bestreuen und nochmals zugedeckt an einem warmen Ort gehen lassen, bis sie sich sichtbar vergrößert haben (etwa 15 Minuten).

7. Den Backofen vorheizen.
Ober-/Unterhitze: etwa 180 °C
Heißluft: etwa 160 °C

8. Das Backblech in den vorgeheizten Backofen schieben. Den Schneckenkuchen **etwa 35 Minuten backen**. Evtl. etwa 5 Minuten vor Ende der Backzeit den Schneckenkuchen mit Backpapier belegen, damit er nicht zu dunkel wird.

9. Den Schneckenkuchen mit dem Backpapier auf einen Kuchenrost ziehen und erkalten lassen.

TIPP:

Nach Belieben mit Puderzucker bestäuben.

WEIZENBROT MIT MOLKE

Zubereitungszeit: 10 Minuten
Backzeit: etwa 35 Minuten

ZUTATEN FÜR 1 LÄNGLICHES BROT

FÜR DEN TEIG:

400 g Weizenmehl (Type 550)
1 Pck. Backpulver
1–2 gestr. TL Salz
50 g Butter (zimmerwarm)
250 ml Reine Molke

etwas Weizenmehl zum Bestäuben

INSGESAMT:

E: 47 g, F: 47 g, Kh: 318 g, kcal: 1901

1. Den Backofen vorheizen.
Ober-/Unterhitze: etwa 180 °C
Heißluft: etwa 160 °C

2. Mehl, Backpulver und Salz in einer Rührschüssel mischen. Butter und Molke dazugeben. Die Zutaten mit einem Mixer (Knethaken) zu einem glatten Teig verkneten.

3. Den Teig auf der leicht mit Mehl bestäubten Arbeitsfläche mit den Händen kurz verkneten und zu einer etwa 28 cm langen Rolle formen. Die Rolle auf ein Backblech (gefettet, mit Backpapier belegt) legen und mit Mehl bestäuben. Die Teigrolle an der Oberfläche mit einem scharfen Messer 6-mal schräg etwa 1 cm tief einschneiden.

4. Backblech in den vorgeheizten Backofen schieben. Das Brot **etwa 35 Minuten backen.**

5. Das Weizenbrot auf einen Kuchenrost legen und erkalten lassen.

REZEPTVARIANTE:

Für ein **Tomaten-Paprika-Brot** den Teig mit 250 ml Tomatensaft anstelle von Molke und 4 Esslöffeln Olivenöl anstatt der Butter zubereiten. Zusätzlich noch ½–1 gestrichenen Teelöffel Paprikapulver (edelsüß) dazugeben. Das Brot hat dann eine orangefarbene Krume und schmeckt aromatisch nach Tomate und Paprika.

TIPPS:

Wie alle Brote, die mit Backpulver gelockert werden, schmeckt dieses Brot am besten ganz frisch. Es eignet sich sehr gut zu süßen und herzhaften Aufstrichen und Belägen. Die Molke sorgt für einen fein-säuerlichen Geschmack. Möchten Sie das Tomaten-Paprika-Brot gern pikanter, geben Sie etwas Tabasco, Ajvar oder Sambal Oelek in den Teig. Geben Sie zusätzlich einige in Öl eingelegte, getrocknete und klein geschnittene Tomatenstücke in den Teig. Kaufen Sie Paprikapulver immer nur in kleinen Mengen, da es sehr schnell das Aroma verliert.

WINZER-POKE-CAKE

● Zubereitungszeit: 45 Minuten, ohne Kühlzeit
Backzeit: 25–30 Minuten

ZUTATEN FÜR 24 STÜCKE

FÜR DEN TEIG:

400 g Weizenmehl, 2 gestr. TL Backpulver
350 g Zucker, 2 Pck. Vanillin-Zucker
2 TL abger. Bio-Zitronenschale (unbehandelt, ungewachst)
3 Eier (Größe M)
250 ml Sonnenblumenöl
150 ml helle Traubenschorle oder Zitronenlimonade
2–3 EL Zitronensaft

FÜR DEN BELAG:

500 g blaue, kernlose Weintrauben
2 Pck. Pudding-Pulver Vanille-Geschmack
2 Pck. Vanillin-Zucker
500 ml Milch (3,5 % Fett)
90–100 g Zucker
400 g Schmand (Sauerrahm)
5 EL Zitronensaft
600 g Schlagsahne (mind. 30 % Fett)
2 Pck. Sahnesteif

etwa 2 TL gem. Zimt

PRO STÜCK:

E: 5 g, F: 23 g, Kh: 42 g, kcal: 400

1. Den Backofen vorheizen.
Ober-/Unterhitze: etwa 180 °C
Heißluft: etwa 160 °C

2. Für den Teig Mehl mit Backpulver in einer großen Rührschüssel mischen. Zucker, Vanillin-Zucker, Zitronenschale und 1 große Prise Salz untermischen. Eier, Sonnenblumenöl, Traubenschorle oder Limonade und Zitronensaft hinzugeben. Die Zutaten mit einem Mixer (Rührstäbe) zunächst kurz auf niedrigster Stufe, dann auf höchster Stufe in etwa 1 Minute unterrühren.

3. Für den Belag Weintrauben abspülen, trocken tupfen, entstielen und halbieren. Den Teig auf ein Backblech (30 x 40 cm, gefettet, bemehlt) verteilen und glatt streichen. Die Traubenhälften gleichmäßig darauflegen. Das Backblech in den vorgeheizten Backofen schieben. Die Gebäckplatte **in 25–30 Minuten goldbraun backen.**

4. Das Backblech auf einen Kuchenrost stellen. Die Gebäckplatte darauf erkalten lassen.

5. Pudding-Pulver mit Vanillin-Zucker und 5 Esslöffeln Milch anrühren. Restliche Milch und Zucker in einem Topf zum Kochen bringen. Angerührtes Pudding-Pulver in die von der Kochstelle genommene Milch rühren und unter Rühren nochmals kurz aufkochen lassen.

6. Den Pudding in eine Schüssel füllen. Schmand und Zitronensaft unterrühren. Die Puddingcreme direkt mit Frischhaltefolie belegen, abkühlen lassen und in den Kühlschrank stellen.

7. Einen Backrahmen um die Gebäckplatte stellen. Mit einem Kochlöffelstiel tiefe, etwa 1 cm große Löcher in etwa 5 cm Abstand zueinander in die Gebäckplatte bohren.

8. Die Puddingcreme glatt rühren oder durch ein feines Sieb streichen. Sahne mit Sahnesteif steif schlagen und unter die Puddingcreme heben. Ein Drittel der Creme in einen Einmalspritzbeutel geben. Die Creme in die Vertiefungen spritzen.

9. Restliche Creme auf der Gebäckplatte verteilen und glatt verstreichen. Den Kuchen etwa 2 Stunden in den Kühlschrank stellen.

10. Den Backrahmen entfernen. Den Kuchen vor dem Servieren leicht mit Zimt bestäuben, in Stücke schneiden und servieren.

ZWETSCHEN-MANGO-SCHNECKENKUCHEN

Zubereitungszeit: 50 Minuten, ohne Auftauzeit
Backzeit: etwa 40 Minuten

ZUTATEN FÜR 30 STÜCKE

750 g Blätterteig
(10 rechteckige Platten, je 10 x 20 cm)

ZUM BESTREICHEN UND BESTREUEN:

75 g Butter
70 g Zucker
1 Pck. Vanillin-Zucker
50 g fein ger. Zwiebackbrösel

FÜR DEN BELAG:

300 g Zwetschen
1 reife Mango
(Fruchtfleisch etwa 400 g)
¼ TL gem. Zimt
2 EL Aprikosenkonfitüre

PRO STÜCK:

E: 2 g, F: 8 g, Kh: 17 g, kcal: 146

1. Für den Teig die Blätterteigplatten nebeneinander nach Packungsanleitung auftauen lassen. Die einzelnen Platten jeweils längs in 3 Streifen schneiden.

2. Zum Bestreichen und Bestreuen Butter zerlassen. Zucker und Vanillin-Zucker mischen. Die Teigstreifen mit einem Drittel der Butter bestreichen und mit je einem Drittel der Zuckermischung und der Zwiebackbrösel bestreuen.

3. Einen Backrahmen in der Größe von etwa 28 x 28 cm auf ein Backblech (mit Backpapier belegt) stellen. Das Backpapier mit etwas von der restlichen, zerlassenen Butter bestreichen und mit den restlichen Zwiebackbröseln bestreuen.

4. Den Backofen vorheizen.
Ober-/Unterhitze: etwa 200 °C
Heißluft: etwa 180 °C

5. Für den Belag Zwetschen abspülen, gut abtrocknen, entstielen, halbieren und entsteinen. Die Zwetschenhälften vierteln. Von der Mango das Fruchtfleisch vom Stein schneiden und schälen. Das Fruchtfleisch (etwa 400 g) in etwa ½ cm dicke Scheiben schneiden.

6. Die Hälfte der Blätterteigstreifen mit den Zwetschenachteln belegen, sodass die Scheiben etwas überlappen und am oberen Ende des Streifens 1 cm frei bleibt. Den frei gebliebenen Teig mit etwas von der restlichen, zerlassenen Butter bestreichen. Teigstreifen zu einer Schnecke aufrollen, dabei die Teigenden gut andrücken.

7. Die restlichen Teigstreifen mit den Mangoscheiben belegen, wie zuvor beschrieben jeweils zu einer Schnecke aufrollen und die Teigenden gut andrücken.

8. Die Pflaumen- und Mangoschnecken im Wechsel in einem Abstand von etwa 2 cm auf das vorbereitete Backblech setzen. Die Schnecken mit der Hälfte des restlichen Zuckers bestreuen. Das Backblech in den vorgeheizten Backofen schieben. Die Zwetschen-Mango-Schnecken **etwa 40 Minuten backen.**

9. Das Backblech auf einen Kuchenrost stellen. Die Zwetschenschnecken mit der restlichen Butter bestreichen. Restlichen Zucker mit Zimt mischen und daraufstreuen.

10. Aprikosenkonfitüre in einem kleinen Topf kurz aufkochen lassen. Die heißen Mangoschnecken damit bestreichen. Die Zwetschen-Mango-Schnecken erkalten lassen und sofort servieren.

TIPPS:

Geschlagene Sahne zu den Zwetschen-Mango-Schnecken reichen. Oder die Schnecken lauwarm als Dessert mit Vanillesauce servieren.

ZWETSCHENTARTE MIT CRÈME-FRAÎCHE-GUSS

◷ Zubereitungszeit: 35 Minuten, ohne Abkühlzeit
Backzeit: 45–50 Minuten
▲ Mit Alkohol

ZUTATEN FÜR 12 STÜCKE

FÜR DEN KNETTEIG:

200 g Weizenmehl
25 g Zucker
125 g Butter oder Margarine (zimmerwarm)
2 EL kaltes Wasser

FÜR DEN BELAG:

750 g Zwetschen

FÜR DEN GUSS:

2 Eier (Größe M)
1 Pck. Vanillin-Zucker
150 g Crème fraîche
3 EL Eierlikör
1 gestr. EL Speisestärke

ZUM BESTREUEN:

2 EL Hagelzucker

PRO STÜCK:

E: 4 g, F: 14 g, Kh: 26 g, kcal: 251

1. Den Backofen vorheizen.
Ober-/Unterhitze: etwa 200 °C
Heißluft: etwa 180 °C

2. Für den Teig Mehl in eine Rührschüssel sieben. Zucker, 1 Prise Salz, Butter oder Margarine und Wasser hinzufügen. Die Zutaten mit einem Mixer (Knethaken) zunächst kurz auf niedrigster, dann auf höchster Stufe gut durcharbeiten.

3. Anschließend auf der bemehlten Arbeitsfläche zu einem glatten Teig verkneten. Sollte er kleben, ihn in Folie gewickelt eine Zeit lang kalt stellen.

4. Zwei Drittel des Teiges auf der bemehlten Arbeitsfläche zu einer runden Platte (Ø etwa 26 cm) ausrollen und in eine Tarteform (Ø 26 cm, gefettet, mit Backpapier belegt) legen. Teigboden mehrmals mit einer Gabel einstechen. Die Form auf dem Rost in den vorgeheizten Backofen schieben und den Boden **10–15 Minuten vorbacken.**

5. Für den Belag Zwetschen waschen, trocken reiben, entstielen, halbieren, entsteinen und vierteln. Die Spitzen etwa 1 cm tief einschneiden.

6. Die Form auf einen Kuchenrost stellen. Den vorgebackenen Boden etwa 20 Minuten abkühlen lassen.

7. Restlichen Teig zu einer Rolle formen, auf den vorgebackenen Boden legen und an den Tarterand drücken. Die Zwetschenviertel dachziegelartig auf den vorgebackenen Boden legen.

8. Für den Guss Eier, Vanillin-Zucker, Crème fraîche, Eierlikör und Speisestärke zu einer geschmeidigen Masse verrühren und auf den Zwetschenvierteln verteilen.

9. Die Form wieder auf dem Rost in den heißen Backofen schieben und den Kuchen **bei gleicher Backofentemperatur in etwa 35 Minuten fertig backen.**

10. Die Form auf einen Kuchenrost stellen. Die Tarte mit Hagelzucker bestreuen und erkalten lassen. Die Tarte mithilfe eines Pfannenwenders vorsichtig auf eine Tortenplatte legen, dabei das Backpapier entfernen.

TIPP:

Anstelle einer Tarteform kann auch eine Springform (Ø 26 cm, Boden gefettet) verwendet werden, dabei den Teig am Rand etwa 3 cm hochdrücken.

REGISTER

TORTEN

KUCHEN AUS DER FORM

KUCHEN VOM BLECH

SCHNITTEN UND ROLLEN

KLEINGEBÄCK UND KEKSE

BROT UND BRÖTCHEN

SPEZIALITÄTEN

MIT ALKOHOL

MIT FRÜCHTEN

MIT SCHOKOLADE

MIT NÜSSEN UND MANDELN

Bei Fragen oder Anregungen wenden Sie sich bitte an folgende Telefonnummer +49(0)89-5482515-0 oder an kontakt@zsverlag.de

Copyright
© 2018 ZS Verlag GmbH
Kaiserstraße 14b
D-80801 München

ISBN: 978-3-7670-1664-4
3. Auflage 2019

Projektleitung: Carola Reich
Redaktion: Annette Riesenberg

Rezeptentwicklung und -beratung:
Susanne Raht, Hamburg

Nährwertberechnungen:
Nutri Service, Hennef, Angelika Ilies, Langen

Lektorat: no:vum, Susanne Noll, Hennef

Titelfotos:
Barbara Bonisolli, München (1), Walter Cimbal, Hamburg (2), Studio Diercks, Hamburg (11)

Foodfotografie:
Barbara Bonisolli, München (S. 6, 14, 21, 29, 30, 35, 57, 58, 62, 67, 69, 70, 91, 94, 103, 104, 108, 110, 120, 127, 129, 145, 159, 163, 172, 175, 182, 195, 200, 207)
Walter Cimbal, Hamburg (S. 41, 48, 51, 113, 118, 169, 187, 188, 204)
Fotostudio Diercks (Thomas Diercks, Kai Boxhammer, Christiane Krüger) Hamburg (S. 5, 9, 10, 13, 17, 18, 25, 26, 33, 37, 38, 42, 47, 53, 54, 61, 64, 73, 74, 75, 77, 78, 81, 82, 86, 89, 93, 95, 99, 101, 114, 117, 119, 123, 124, 131, 133, 134, 137, 138, 141, 142, 146, 149, 150, 153, 154, 157, 160, 165, 166, 171, 177, 178, 181,185, 190, 193, 194, 196, 199, 203, 208, 211)
Ulli Hartmann, Halle (S. 96, 180)
Anke Politt, Hamburg (S. 45, 84, 85)
Winkler-Studios, Bremen (S. 22, 107, 189)

Gestaltungskonzept:
seidldesign.com, Wolfgang Seidl, Stuttgart
Satz: MDH Haselhorst, Bielefeld
Producing: Jan Russok
Titelgestaltung: Büro 18, Friedberg/Bayern
Herstellung: Frank Jansen
Druck und Bindung: Optimal media GmbH, Röbel

Kurze Wege schonen die Umwelt
Dieses Buch wurde in Deutschland gedruckt

Die Bücher und E-Books unter der Marke Dr. Oetker Verlag erscheinen als Lizenz in der ZS Verlag GmbH.
redaktion-oetker@zsverlag.de
www.facebook.de/Dr.OetkerVerlag
Die ZS Verlag GmbH ist ein Unternehmen der Edel AG, Hamburg.
www.zsverlag.de
www.facebook.de/zs-verlag
Alle Rechte vorbehalten. All rights reserved.
Das Werk darf – auch teilweise – nur mit Genehmigung des Verlags wiedergegeben werden.
Die Autoren haben dieses Buch nach bestem Wissen und Gewissen erarbeitet. Alle Rezepte, Tipps und Ratschläge sind mit Sorgfalt ausgewählt und geprüft.